해석의 기술

해석의 기술

발행일	2017년 7월 28일

지은이	이호원		
펴낸이	손형국		
펴낸곳	(주)북랩		
편집인	선일영	편집	이종무, 권혁신, 이소현, 송재병, 최예은
디자인	이현수, 이정아, 김민하, 한수희	제작	박기성, 황동현, 구성우
마케팅	김회란, 박진관, 김한결		
출판등록	2004. 12. 1(제2012-000051호)		
주소	서울시 금천구 가산디지털 1로 168, 우림라이온스밸리 B동 B113, 114호		
홈페이지	www.book.co.kr		
전화번호	(02)2026-5777	팩스	(02)2026-5747

ISBN	979-11-5987-688-2 13740(종이책)		979-11-5987-689-9 15740(전자책)

잘못된 책은 구입한 곳에서 교환해드립니다.
이 책은 저작권법에 따라 보호받는 저작물이므로 무단 전재와 복제를 금합니다.

이 도서의 국립중앙도서관 출판예정도서목록(CIP)은 서지정보유통지원시스템 홈페이지(http://seoji.nl.go.kr)와
국가자료공동목록시스템(http://www.nl.go.kr/kolisnet)에서 이용하실 수 있습니다.
(CIP제어번호 : CIP2017018340)

(주)북랩 성공출판의 파트너
북랩 홈페이지와 패밀리 사이트에서 다양한 출판 솔루션을 만나 보세요!

홈페이지 book.co.kr • 블로그 blog.naver.com/essaybook • 원고모집 book@book.co.kr

아오지 않고 한 번에 해석하는

 돌
 직 독직해
 구 문독해

해석의 기술

이호원 지음

북랩 book Lab

누가 영어를 어렵게 만드는가?

영어를 처음 접하는 학생들에게 가르치는 교사와 강사들이 너무 세부적인 문법적 내용에만 치우쳐서 문제풀이 위주로 하는 것이 가장 문제이다. 다양한 표현들을 직접 써보면서 익혀야 하는데, 답을 고르는 방법만을 가르치니, 학생들이 영어를 언어가 아닌 시험과목으로 접근해서 이후의 응용이 되질 않는다. 또한 중학교와 고등학교 내신시험을 이야기 하자면, 중학교 때는 시험을 준비하는 교재의 양이 적어서 많은 학생들이 그저 책의 내용을 무조건 외워서 준비를 한다. 이런 방법이 중학교 때는 어느 정도 통할지 모르지만, 중학교 시험에서 조차 어법과 서술형문제를 해결 할 수 없고, 고등학교 내신을 준비할 때는 준비해야 하는 교재의 양이 많아서 교재를 다 외우기란 불가능하다.

번역을 하지 말고 해석을 하자

모의고사 해설지의 해석이나 참고서들의 해석을 보면, 우리나라 어순으로 바꾸어 번역을 해 놓아서, 학생들이 해석을 보아도 내용만 이해될 뿐 문장의 구조를 이해하는 데 한계가 있다.
예를 들어, 'Many people who think that they need something to buy go to a shopping mall by driving their own car which can emit a lot of carbon dioxide.'라는 문장이 있을 때, 거의 모든 해설지의 해석은 '무언가를 살 필요가 있다고 생각하는 많은 사람들은 많은 이산화탄소를 배출할 수 있는 자신의 차를 운전해서 쇼핑몰에 간다'라고 되어있다. 그러나 그렇게 해석을 하기 위해서는 영어가 쓰여진 순서대로 진행하는 것이 아니고 몇 번을 왔다 갔다 하게 된다.
즉, ① (who think that they need something to buy) ② (Many people) ③ (which can emit a lot of carbon dioxide) ④ (by driving their own car) ⑤ (go to a shopping mall)와 같은 순서가 되어버리는 결과를 낳는 것이다. 이런 식으로 학습을 하게 되면 글을 읽는 속도는 현저하게 떨어지게 되고, 어법 문제를 해결할 때도 큰 어려움을 가지게 된다. 따라서 문장을 영어의 어순에 따라 다음과 같은 방식으로 학습해 나가야 한다.

> Many people (who think that they need something to buy)/go to a shopping mall
> 많은 사람들은(그들이 무언가 살 필요가 있다고 생각하는)/쇼핑몰에 간다
>
> by driving their own car (which can emit a lot of carbon dioxide).
> 그들 자신의 차를 운전해서(많은 이산화탄소를 배출할 수 있는)

이렇게 해석하기 위해서는 크게 두 가지가 필요하다.
첫 번째는 영어식 어순을 이해하며 적절한 조사를 붙여주는 것이고,
두 번째는 크게 덩어리(chunk)를 이루는 표현을 알고 적용하는 것이다.
이 책은 위 두 가지를 학습하기 위해 최적화된 교재이다.

저자 이호원

'해석의 기술'만의 특징

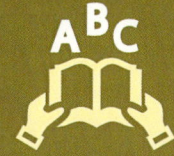

1. 어느 문장에나 적용할 수 있는 보편적 영어해석의 특징을 익힌다.

다른 구문독해 책들에서는 구문별로 너무 세분화 시켜서 책을 한 권 다 소화하는데에도 시간이 많이 걸리고, 실제 응용하기까지 너무 많은 시간이 걸렸다. 이 책에서는 어순에 맞추어 해석하는 방법과 8가지 요소만 익히면, 바로 실전독해에서 적용이 가능하다.

2. 정확한 영어 해석의 원리를 익혀서 내신 1등급을 맞을 수 있다.

4년제 대학에서 수시모집으로 약 70%가까이를 정원으로 뽑기 때문에 현재는 영어내신시험이 그 어느 때 보다 중요하다. 내신시험에서 약 50% 이상을 차지하는 문제가 어법문제와 서술형 문제인데, 막연히 외워서는 점수를 낼 수 없다. 정확한 문장을 구조를 이해하고 활용해야 그러한 유형들을 해결할 수 있는데, 이 책에서 배운 내용을 가지고 완벽한 준비를 할 수 있다.

3. 모든 시험에서 요구하는 독해속도를 달성할 수 있다.

과거의 방식으로 가르치는 책과 그러한 방식에 익숙해있는 교사와 강사들의 교습법으로는 빠르고 정확한 독해를 할 수 없다. 독해를 논리적, 비판적으로 해 나가기 위해서는 정확한 해석이 필수적이다. 이 책에서 제시하는 내용만 습득하면, 어느 시험에서든 자신있고 정확하게 해석을 할 수 있다.

4. 저자의 동영상 강의를 통해 다양한 내용들을 보충할 수 있다.

무료 동영상 강의를 통해서 책 내용을 완벽하게 이해할 수 있다.

🔍 일러두기

➕ 직독직해와 구문독해란?

직독직해는 영어식 어순에 맞추어 문장앞에서 부터 뒤로 한번에 해석해나가는 것을 의미한다. 이 때에 너무 짧게 끊어 읽으면, 전체 문장의 내용파악이 힘들어 진다. 따라서 이 책의 내용을 숙지하고, 점차 덩어리를 키워 나가면서 연습해야 효율적인 직독직해가 이루어진다.

The students (who want to improve their English skills) / **should read** the book (written by Mr. Lee)(who has taught English for more than 10 years).

구문독해는 다양한 문장들 중에서 주로 등장하고 고유의 의미를 갖는 수많은 표현이 있는 문장들을 독해하는 것을 의미한다. 영어의 방대한 문장들을 하나의 책에 담는 것은 거의 불가능하다고 할 수 있다. 이 책에서도 chapter별 문장에서 최대한 많은 구문독해를 담으려고 노력하였지만 앞으로 여러분이 다른 곳에서도 만나게 되는 모든 문장을 담지는 못했다. 그렇지만 이 책에서 주는 영어해석의 틀을 완벽하게 소화한다면, 나머지는 어휘의 문제가 될 것이다.

➕ 어휘학습은 어떻게?

영어를 처음 접하는 학생들은 보통 영어단어장을 구입하고 그것을 외우게 되는데, 영어단어를 가장 빠르고 효율적으로 학습하는 방법은 문장을 읽고 연습하면서 문장속에서의 다양한 어휘의 의미를 익히는 것이다. 많은 독해를 하고 시중의 단어장인 아닌, 자신만의 단어장을 만들어서 학습하자.

➕ 내 수준에 맞는 독해 책은?

하나의 지문을 읽었을 때, 모르는 단어가 7~10개 정도 되는 수준의 책이 자신에게 맞는 책이다. 너무 많은 단어를 모르면,해석이 원활하지 않고 단어 학습을 하다가 지치게 된다. 또한, 모르는 단어가 너무 적으면, 학습의 효과가 크지 않다.

이 책의 활용방법

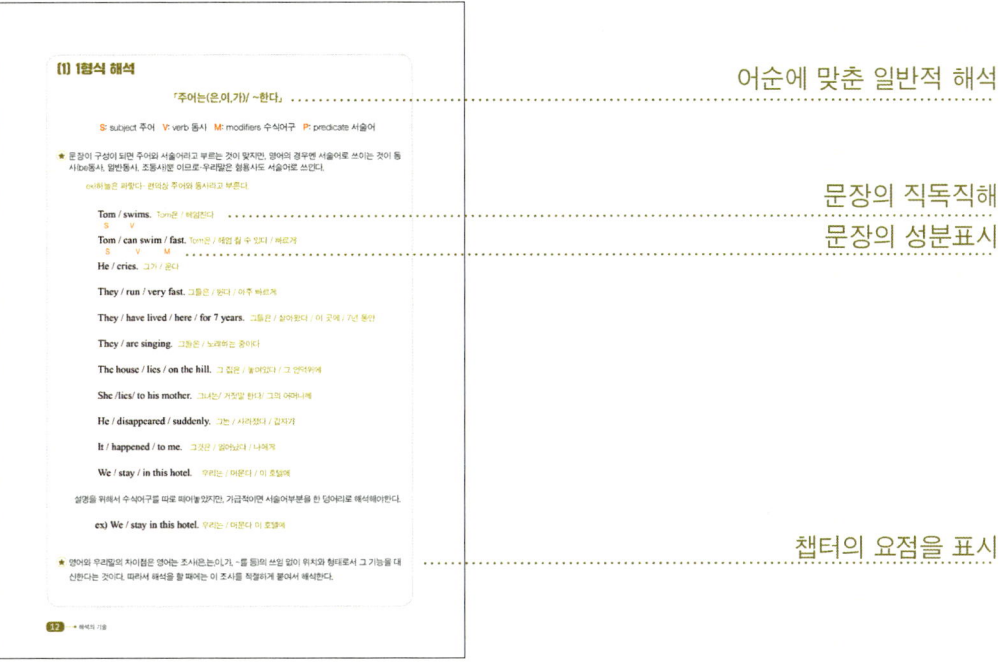

어순에 맞춘 일반적 해석

문장의 직독직해
문장의 성분표시

챕터의 요점을 표시

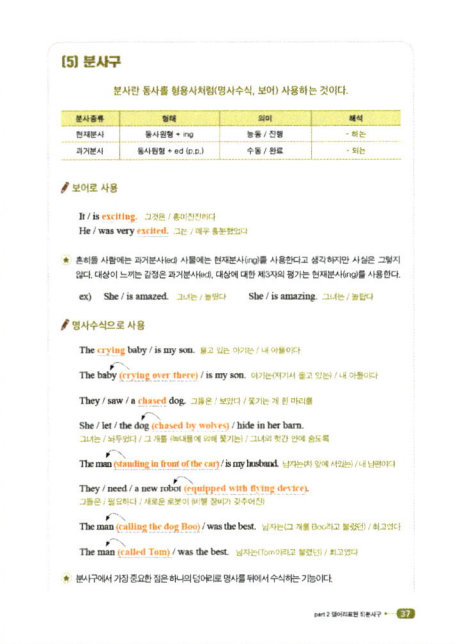

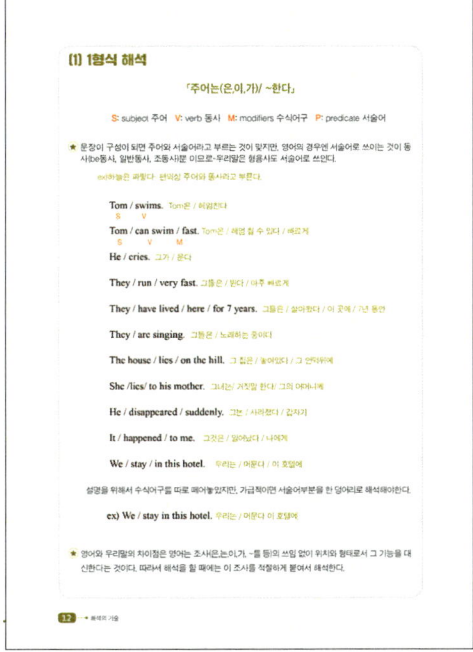

답지에서 각 해석에 대한
직독직해와 수식구조를 표시

CONTENTS

'해석의 기술'만의 특징 / 5
일러두기 / 6
이 책의 활용방법 / 7

Chapter 1 영어의 어순 10

1형식 해석   12
2형식 해석   14
3형식 해석   16
4형식 해석   18
5형식 해석   20

Chapter 2 덩어리(chunk) 표현 24

동사구   26
전치사구   28
to부정사구   30
동명사구   34
분사구   37
접속사절   40
관계사절   43
간접의문문절   52

Chapter 3 실전 독해연습 55

정답지 107

Chapter 1

해석의
기술

영어의 어순

1형식 해석
2형식 해석
3형식 해석
4형식 해석
5형식 해석

Chapter 1 | 영어의 어순

영어는 우리말과 말의 순서, 어순이 다르다.
영어를 물 흐르듯이 읽고, 말하기 위해서는 영어의 어순을 익히는 것이 무엇보다도 중요하다.
앞으로 1형식에서 5형식까지 영어문장의 패턴을 살펴볼 것인데, '동사'에 따라서 문장의 형식이 결정된다. 동사가 목적어나 보어 등을 함께 써야하면 그렇게 써야하고 동사가 목적어나 보어를 필요로 하지 않으면, 쓰지 않는 것이다. 모든 문법적인 내용들은 문법이 먼저가 아니고, 영어에서 원래 쓰고 있던 패턴들을 우리가 알기 쉽게 정리한 것이다.
따라서, 복잡하게 생각하지 말고, 동사에 따른 말의 패턴을 배운다고 생각하면 될 것이다.
5형식으로 모든 문장의 형태를 표현 할 수 없지만, 많이 쓰이는 문장의 형태를 익혀놓으면 차후의 학습에 큰 도움이 되기 때문에, 이 책에서 가장 먼저 다루게 되었다.

〈동사 이름〉

불완전(보어 필요)	완전(보어 필요없음)
타동사(목적어 필요)	자동사(목적어 필요없음)

★ 위 표에서처럼 목적어나 보어의 필요유무에 따라서 동사의 특징을 표현할 수 있다.

The man in the house / sings merrily.   그 집의 남자는 / 노래한다 즐겁게
완전자동사(목적어와 보어가 필요없으므로) **1형식동사**

The child / stayed calm.   그 아이는 / 침착함을 유지했다
불완전자동사(목적어는 필요없고 보어는 필요하므로) **2형식동사**

The villagers / had / a good idea.   그 마을사람들은 / 가지고 있었다 / 좋은 생각을
완전타동사(보어는 필요없고 목적어는 필요하므로) **3형식동사**

They / made / the man / go to the park.   그들은 / 만들었다 / 그 남자가 / 그 공원에 가도록
불완전타동사(목적어와 보어가 모두 필요하므로) **5형식동사**

★ 동사의 이름을 외우는 것이 중요한 것이 아니라, 어순에 따라 해석하는 방식을 익히는 것이 중요하다.

✤ 왜 직독직해의 영어어순을 익혀야 하는가?

문장이 짧을 때는 덩어리가 한 눈에 보여서, 쉽게 해석할 수 있지만 덩어리가 커지고 문장이 길어지면, 어순을 알고 활용하는 것이 빠르고 정확하게 문장을 해석하는데 있어서 필수적이다.

(To prepare the concert with them) / will make / the man (who is in charge) / face many difficulties.

(그들과 함께 콘서트를 준비하는 것은) / 만들것이다 / 남자가 (책임을 지고있는) / 많은 어려움에 직면하도록

In the nations (where there are many political problems), many people / want / their government / to make fair decisions.

나라들에서 (많은 정치적인 문제들이 있는), 많은 사람들은 / 원한다 / 그들의 정부에게 / 공정한 결정을 내리기를

She / told / him [that she needed to find the person (who let them know **that she was there)**].

그녀는 / 말했다 / 그에게[그녀가 찾을 필요가 있다고 그 사람을 (그들이 알게 해주었던 **그녀가 거기 있다고**)]

(Having liitle money) / made / them / hesitate to support their child (who wanted to study abraod).

(적은 돈을 가진것은) / 만들었다 / 그들이 / 지원하는데 주저하도록 그들의 아이를 (외국에서 공부하고 싶어했던)

(1) 1형식 해석

「주어는(은, 이, 가)/ ~한다」

S: subject 주어   **V**: verb 동사   **M**: modifiers 수식어구   **P**: predicate 서술어

★ 문장이 구성이 되면 주어와 서술어라고 부르는 것이 맞지만, 영어의 경우엔 서술어로 쓰이는 것이 동사(be동사, 일반동사, 조동사)뿐 이므로-우리말은 형용사도 서술어로 쓰인다. ex)하늘은 파랗다- 편의상 주어와 동사라고 부른다.

Tom / swims. Tom은 / 헤엄친다
  S   V

Tom / can swim / fast. Tom은 / 헤엄 칠 수 있다 / 빠르게
  S   V   M

He / cries. 그가 / 운다

They / run / very fast. 그들은 / 뛴다 / 아주 빠르게

They / have lived / here / for 7 years. 그들은 / 살아왔다 / 이 곳에 / 7년 동안

They / are singing. 그들은 / 노래하는 중이다

The house / lies / on the hill. 그 집은 / 놓여있다 / 그 언덕위에

She /lies/ to his mother. 그녀는/ 거짓말 한다/ 그의 어머니께

He / disappeared / suddenly. 그는 / 사라졌다 / 갑자기

It / happened / to me. 그것은 / 일어났다 / 나에게

We / stay / in this hotel. 우리는 / 머문다 / 이 호텔에

설명을 위해서 수식어구를 따로 떼어놓았지만, 가급적이면 서술어부분을 한 덩어리로 해석해야한다.

   ex) We / stay in this hotel. 우리는 / 머문다 이 호텔에

★ 영어와 우리말의 차이점은 영어는 조사(은, 는, 이, 가, ~를 등)의 쓰임 없이 위치와 형태로서 그 기능을 대신한다는 것이다. 따라서 해석을 할 때에는 이 조사를 적절하게 붙여서 해석한다.

📝 다음을 해석하여라.

words & phrases

1. He / goes to school.

   go-went-gone 가다

2. It / can last forever.

   last 지속되다

3. We / exist in this world.

   exist 존재하다
   world 세계

4. The game / ended at 7.

   end 끝나다

5. She / sleeps in her bed.

   sleep-slept-slept 자다

6. They / sat on the bench.

   sit-sat-sat 앉다

7. The man / will arrive here.

   arrive 도착하다

8. The problem / arose from that.

   arise-arose-arisen
   일어나다, 발생하다

9. She / stood in front of the house.

   stand-stood-stood 서다
   in front of ~앞에

10. They / walked in the park.

    walk 걷다

(2) 2형식 해석

「주어는(은, 이, 가)/ ~이다, ~한 상태한다」

S: subject 주어   V: verb 동사   C: complement 보어

★ 2형식으로 쓰이는 동사들은 보어를 가진다. 보어라는 것은 우리나라의 보어와는 좀 다르다. 영어에서 보어는 '상태나 지위 등'을 표현한다. 보어라는 말 자체가 '보완을 한다'라는 뜻을 가지고 있기 때문에 2형식동사만을 따로 해석해서는 의미가 완성되지 않는다. 따라서 2형식동사는 동사와 보어를 한 번에 같이 해석해야한다. 상태를 의미할 때는 형용사를, 지위 등을 의미할 때는 명사를 사용한다.

She / is a doctor. 그녀는 / 의사이다
　S　　V+ C

The man / is handsome. 그 남자는 / 잘생겼다

We / kept silent. 우리는 / 조용한 상태를 유지했다

It / looks good. 그것은 / 좋아 보인다

That / sounds interesting. 그것은 / 흥미롭게 들린다

He / became taller. 그는 / 키가 더 커졌다

We / remained calm. 우리는 / 침착한 상태를 유지했다

The pizza / smells fantastic. 그 피자는 / 환상적인 냄새가 난다

We / should stay still. 우리는 / 가만히 있는 상태를 유지해야한다

They / fell asleep. 그들은 / 잠에 빠졌다

★ 2형식 해석에서는 동사와 보어를 한 덩어리로 함께 해석해 주어야 한다.

다음을 해석하여라.

1. It / tastes terrible.

   taste ~한 맛이 나다
   terrible 끔찍한

2. She / is so beautiful.

   beautiful 아름다운

3. They / remained unchanged.

   remain ~인 채 남아있다
   unchanged 바뀌지 않은

4. They / are good friends.

5. He / grew older.

   grow-grew-grown ~해지다
   older 더 나이먹는

6. Leaves / turn brown in fall.

   turn ~로 변하다
   brown 갈색의
   fall 가을

7. It / proved true.

   prove ~임이 입증되다
   true 사실인

8. It / seems wrong.

   seem ~인 듯 보이다
   wrong 잘못된

9. The child / got frightened.

   get-got-gotten ~해지다
   frightened 겁먹은

10. He / looks angry.

    look ~해 보인다
    angry 화난

words & phrases

(3) 3형식 해석

「주어는(은, 이, 가)/ ~한다/ ~을(를), ~라고」

S: subject 주어 **V**: verb 동사 **O**: object 목적어

★ 3형식으로 쓰이는 동사들은 목적어를 가진다. 목적어는 행위의 대상이나 내용을 의미한다.

She / has / a car.   그녀는 / 가지고 있다 / 차를
  S   V   O

They / love / the singer.   그들은 / 사랑한다 / 그 가수를

She / liked / the swimming pool.   그녀는 / 좋아했다 / 그 수영장을

They / resemble / each other.   그들은 / 닮았다 / 서로를

We / discussed / it.   우리는 / 논의했다 / 그것을

They / wanted /useful tools.   그들은 / 원했다 / 유용한 도구들을

He / thought / **that** he had to read it.   그는 / 생각했다 / 그가 그것을 읽어야 한다고

She / wondered / how he could do it.   그녀는 / 궁금했다 / 어떻게 그가 그것을 할 수 있는지

Some people / believe / that happiness comes from money.
어떤 사람들은 / 믿는다 / 행복은 돈으로부터 온다고

She / said / that she needed a knife.   그녀는 / 말했다 / 그녀가 칼이 필요하다고

★ 3형식 해석에서는 목적어자리에 명사절(하나의 문장)의 내용이 올 수 있으므로 직독직해 하면서, 하나의 덩어리로 해석해 주어야 한다.

다음을 해석하여라.

1. The man / made / this building.

2. He / broke / the window.

3. They / are using / this computer.

4. The employees / have / many problems.

5. The machine / has / many functions.

6. They / know / that you would not take it.

7. It / suggested / that we should not watch TV while eating.

8. I / think / that we need more information.

9. The teacher / believed / that she had to read it.

10. We / learned / that he studied hard.

words & phrases

make-made-made 만들다
building 빌딩

break-broke-broke 깨다

use 사용하다

employees 직원들
problems 문제들

functions 기능들

take-took-taken 받다

suggest 시사하다, 암시하다
while eating 먹는 동안

think-thought-thought 생각하다
need 필요하다
more information 더많은 정보

believe 믿다
have toV ~해야하다

learn 배우다, 알게되다
study 공부하다

(4) 4형식 해석

「주어는(은, 이, 가)/ ~한다/ ~에게/ ~을(를), ~라고」

S: subject 주어   **V**: verb 동사
I.O.: indirect object 간접목적어   **D.O.**: direct object 직접목적어

★ 4형식으로 쓰이는 동사들은 목적어를 두 개 가진다. 앞에 오는 목적어는 개체나 내용의 영향을 받는 대상을, 뒤에 오는 목적어는 그 개체나 내용 그 자체를 의미한다.

She / gave / me / a pen. 그녀는 / 주었다 / 나에게 / 펜을
  S   V   I.O.   D.O.

He / showed / me / the book.
그는 / 보여주었다 / 나에게 / 그 책을

They / allowed / him / an hour.
그들은 / 허용했다 / 그에게 / 한 시간을

He / bought / her / a bag.
그는 / 사주었다 / 그녀에게 / 가방을

The girl / teaches / us / English.
그 소녀는 / 가르쳐준다 / 우리에게 / 영어를

The result / shows / us / that we are healthy.
그 결과는 / 보여준다 / 우리에게 / 우리가 건강하다고

He / told / me / that he never used it.
그는 / 말했다 / 나에게 / 그는 그것을 절대 사용하지 않았다고

She / asked / her mother / if she could go to the park.
그녀는 / 물었다 / 그녀의 어머니께 / 그녀가 그 공원에 갈 수 있는지를

She / assured / me / that she didn't do it.
그녀는 / 확신시켰다 / 나에게 / 그녀가 그것을 하지 않았다고

They / warn / us / that too much food can harm our health.
그들은 / 경고한다 / 우리에게 / 너무 많은 음식이 우리의 건강을 해칠 수 있다고

★ 4형식 문장에서는 3형식과 마찬가지로 직접목적어의 내용이 하나의 문장이 올 수 있으므로, 반드시 순서대로 직독직해 하면서 덩어리로 해석한다. 3형식에서는 ~에게라고 할 때, 전치사를 사용하지만, 4형식에서는 전치사 없이 단어의 배열만으로 그 뜻을 나타낸다.

다음을 해석하여라.

1. She / made / me / a cup of coffee.

2. She / offered / him / the job.

3. They / send / us / the letters.

4. The office / issued / you / tickets.

5. They / will charge / you / an entrance fee.

6. The manager / notified / us / that the store would be closed.

7. The man / informed / me / that she was in the house.

8. She / convinced / her parents / that she would make it.

9. The researchers / advised / us / that we should reduce the fossil fuels.

10. The author / reminded / readers / that we should help people in need.

words & phrases

a cup of coffee 커피 한 잔

offer 제공하다, 제안하다

send-sent-sent 보내다

the office 사무소
issue 발행하다

charge 부과하다
entrance fee 입장료

notify 알리다, 공지하다
be closed 문을 닫다

inform 알려주다

convince 납득시키다
make it 해내다

advise 충고하다
reduce 줄이다
fossil fuels 화석연료

author 저자
remind 상기시키다
readers 독자들
in need 어려움에 처한

(5) 5형식 해석

「주어는(은, 이, 가)/ ~한다/ ~이, ~가, 에게, 을(를)/
~로, ~하게, ~한 상태로, ~하는 것을, ~하도록, ~하라고」

S: subject 주어 **V**: verb 동사 **O**: object 목적어
O.C.: objective compliment 목적보어

★ 5형식으로 쓰이는 동사들은 목적어와 목적보어를 가진다. 이 문장형식은 목적어에 대해 주어가 관찰하거나 영향력을 행사하는 의미를 표현한다.

She / heard / the boy / screaming. 그녀는 / 들었다 / 그 소년이 / 소리지르는 것을
 S   V   O   O.C.

They / saw / a girl / dance.
그들은 / 보았다 / 한 소녀가 / 춤추는 것을

He / watched / the dog / chased by many cats.
그는 / 보았다 / 그 개가 / 많은 고양이들에 의해 쫓기는 것을

They / make / the world / change.
그들은 / 만든다 / 세상이 / 변하도록

We / should let / them / do their job.
우리는 / 놔두어야한다 / 그들이 / 그 일을 하도록

She / helped / them / to have a dream.
그들은 / 도왔다 / 그들을 / 꿈을 가지도록

They / helped / you / go to the destination.
그들은 / 도왔다 / 너를 / 목적지에 가도록

She / allowed / me / to use her computer.
그녀는 / 허락했다 / 나를 / 그녀의 컴퓨터를 쓰도록

He / enabled / us / to conserve the environment.
그는 / 가능하게 했다 / 우리가 / 환경을 보존하는 것을

We / are expecting / you / to join us.
우리는 / 기대하고 있다 / 너에게 / 우리와 함께하도록

★ 5형식 문장해석에서 가장 중요한 것은 목적보어의 해석이다. 동사에 따라서 다양한 형태의 목적보어가 쓰이므로, 각각의 동사에 대한 목적보어의 형태를 익혀두자.

✏️ 5형식 문장에서 목적보어로 능동 동사의 내용이 올 때

동사	종류	목적보어로 능동 동사의 의미가 올 때
사역동사	let, make, have, **help**	동사의 기본형 사용
	ex. He let his son try one more time. She had me dance.	
지각동사	feel, watch, see listen to, hear …	동사의 기본형과 현재분사(ⓥing)사용
	ex. They saw their kids play. They saw their kids playing.	
일반적인 동사들	**help**, want, encourage, get, require, request, ask, tell, order, advise allow, lead, cause, urge, compel, warn enable …	to 부정사 사용

ex. They wanted me to work hard. She asked him to be quite.

⭐ help는 준사역동사라고 하며, 목적보어로 동사의 기본형과 to부정사 둘 다 올 수 있다.

have의 경우에는 have의 의미가 '시키다'가 아닌 '허락하다'의 의미로 쓰인 경우에 목적보어로 -ing를 사용할 수 있다.

ex) He had us laughing.   She had it coming.

get의 경우에도 목적보어로 -ing를 쓰는 경우가 있다. 이 때에는 -하는 것을 시작시키다의 의미이다.

ex) I got him moving.   Do not get them doing that.

words & phrases

📝 다음을 해석하여라.

1. You / make / me / a better man.

let-let-let ~하게 놔두다

2. He / let / her / see the sky.

see-saw-seen 보다

3. They / saw / him / playing the piano.

hear-heard-heard 듣다

4. she / heard / someone / call her name.

scared of ~을 무서워하는

5. I / see / the people / scared of the man.

allow 허용하다

6. She / allowed / them / to send a letter.

urge 촉구하다
join-joined-joined
~와 함께하다

7. He / urged / people / to join him.

force 강요하다
give up 포기하다

8. They / forced / her / to give up.

9. The girl / wanted / her father / to buy a new car.

tell-told-told 말하다
courage 용기

10. The man / told / her / to have courge.

Chapter 2

해석의 기술

덩어리(chunk) 표현

동사구
전치사구
to부정사구
동명사구
분사구
접속사절
관계사절
간접의문문절

Chapter 2 | 덩어리(chunk) 표현

Chapter 1에서 우리는 영어의 어순에 맞추어 직독직해하는 방법에 대해서 살펴보았다.
Chapter 2에서는 의미를 이루는 덩어리들의 쓰임과 Chapter 1에서 언급했던 내용을 기반으로 하여(순서대로 적절한 조사를 붙여서 직독직해하는 방법) 의미의 덩어리를 묶어서 해석하는 방법을 배울 것이다.

일부 교사와 강사들은 의미단위로 직독직해 하는 것에 대해 반감을 가지고 있는데, 그 이유는 의미의 덩어리를 너무 짧게 끊어서 해석하여, 문장의 전체의미파악에 어려움을 갖기 때문이다. 그렇지만, 문장을 빠르고 정확하게 해석하기 위해서는 의미단위로 끊어서 읽고 해석하는 것이 필수적이고 그 방법이 바로 영어를 사용하는 원어민들이 문장을 만드는 방식이다. 따라서 문장에서 표현된 방법들을 인지하고 의미덩어리를 최대한 크게 만들어 직독직해하는 것이 영문문장을 정확하게 해석하는 가장 좋은 방법이다.

✏️ 구(phrase)와 절(clause)에 대하여

구(phrase): 두 개 이상의 단어가 모여 의미를 이루는데 그 안에 주어와 동사가 없는 것

절(clause): 두 개 이상의 단어가 모여 의미를 이루는데 그 안에 주어와 동사가 있는 것

즉, 영어의 어순에 맞추어서 구와 절의 의미와 활용을 파악하여 큰 덩어리로 직독직해 해야한다.
앞으로 이번 Chapter에서 우리가 해석의 덩어리로 사용할 요소는 여덟 가지이고, 이 여덟 가지 요소만 익히면, 영어의 모든 문장을 직독직해 할 수 있는 기초를 가지게 된다. 나머지 구문과 관련된 문제는 독해를 해 나가면서 익혀나가면 되는 것이다.

✏️ 독해를 빠르고 정확하게 하는 8요소

1) 동사구
2) 전치사구
3) to부정사구
4) 동명사구
5) 분사구
6) 접속사절
7) 관계사절(관계대명사&관계부사)
8) 간접의문문절

영어문장에서 덩어리가 커져서 복잡해지는 문장의 구조를 도식화 하면 다음과 같다.(3형식을 예로 들었다.)

주어	서술어	목적어
N (수식어구 전치사구 to부정사구 분사구 관계사절 접속사 that절 (동격))	V	N (수식어구 전치사구 to부정사구 분사구 관계사절 접속사 that절 (동격))
하나의 덩어리로 명사처럼 사용 to부정사 동명사 접속사 that 관계대명사 what 간접의문문		하나의 덩어리로 명사처럼 사용 to부정사 동명사 접속사 that 관계대명사 what 간접의문문

The girl (on the beach) / saw / the dog (with short tail).
(해변의) 소녀는 / 보았다 (짧은 꼬리를가진)개를

The ability (to help others) / can make the society (where everyone can live happily).
(다른 사람들을 돕는) 능력은 / 만들수 있다 사회를 (모두가 행복하게 살 수 있는)

The idea (that we should save energy) / will help protect the earth (which is in danger).
(우리가 에너지를 절약해야 한다는) 생각은 / 보호하는데 도움을 줄 것이다 지구를 (위험에 처한)

I / asked him (why he didn't come yesterday).
나는 / 물었다 그에게 (왜 그가 어제 오지 않았는지)

(To learn how it is formed) / can help you understand the rule.
(그것이 어떻게 형성되어 있는지를 배우는 것은) / 도울것이다 네가 그 규칙을 이해하도록

(What you have to do now) / is (to find your dream).
(네가 지금 해야만 하는 것은) / (너의 꿈을 찾는 것) 이다

(Doing nothing) / can sometimes recharge your energy.
(아무것도 하지 않는 것은) / 때때로 너의 에너지를 충전해 줄 수 있다

(1) 동사구

동사를 해석할 때는 부사를 포함해서 시제, 수동태 표현 전부를 함께 해석한다. 조동사로 시작하면, 조동사를 포함해서 한 번에 해석한다.

<동사의 시제>

	기본형	과거완료	과거	과거진행	현재완료	현재	현재진행	미래
능동	V	had+Ved	Ved	be동사과거+Ving	have+Ved	V	be동사현재+Ving	will V
	love	had loved	loved	was loving	have loved	love	am loving	will love
	사랑하다	사랑했었다	사랑했다	사랑하고 있었다	사랑해오고 있다	사랑한다	사랑하는 중이다	사랑 할 것이다
수동	be동사+p.p (과거분사)	had been p.p.	be동사과거+ p.p.	be동사과거+being p.p.	have been p.p.	be동사현재+ p.p.	be동사현재+being p.p.	will be p.p.
	be loved	had been loved	was loved	was being loved	has been loved	is loved	is being loved	will be loved
	사랑 받다	사랑받았었다	사랑 받았다	사랑받고 있었다	사랑받아오고 있다	사랑 받는다	사랑 받고 있는 중이다	사랑 받을 것이다

* I love him. 문장에서 시제변화

They / immediately understood / his words.   그들은 / 즉시 이해했다 / 그의 말을

She / may be able to solve / the problem.   그녀는 / 풀 수 있을지도 모른다 / 그 문제를

The guests / are singing merrily.   그 손님들은 / 즐겁게 노래하고 있다

They / will be launched soon.   그것들은 / 곧 출시될 것이다

It / used to be used / by the team.   그것은 / 사용 되었었다 / 그 팀에 의해서

The rock / was used / to make them comfortable.
그 바위는 / 사용되었다 / 그들을 편안하게 만들기 위해서

She / has already found out / what it means.   그녀는 / 이미 알아냈다 / 그것이 무엇을 의미하는지

The plant / has been used / for many purposes.   그 식물은 / 이용되어왔다 / 많은 목적을 위해

★ 동사덩어리를 한 번에 해석할 때, 목적어나 보어도 함께 해석할 수 있게 연습한다.

다음을 해석하여라.

1. She / has helped / many people / to study English.

2. The mission / will be completed / by noon.

   complete 완수하다

3. They / must have thought / that they were chosen by the god.

   must have p.p
   ~했었음에 틀림없다

4. The kids / need to be taken care of carefully.

   take-took-taken care of
   돌보다

5. We / have allowed / the students / to go out during lunch time.

   allow A toV
   A를 ~하도록 허락하다
   during lunch time
   점심시간동안

6. The inventions / have improved / our lives.

   improve 개선하다

7. The building / has been steadily used / by many residents.

   steadily 꾸준하게
   residents 주민들

8. The guy / is attentively listening to her lecture.

   attentively 집중해서
   listen-listened-listened to
   ~를 듣다   lecture 강의

9. The music / was being continuously played / by the pianist.

   be being p.p ~되는 중이다
   continuously 끊임없이
   pianist 피아니스트

10. It / will be able to be taken / to the place / by some scientists.

    be able toV ~할 수 있다
    take-took-taken 가져가다

(2) 전치사구

우리나라 말에서는 명사의 뒤에 조사가 붙는다. 이를 후치사라고 한다. 반면에 영어에서는 명사의 앞에 우리말의 조사역할을 하는 단어들이 위치하게 된다. 이를 전치사라고 한다.

전치사는 형용사구(명사를 수식)와 부사구(시간, 장소, 이유, 방법 등)를 표현한다.

나는 / 살고 있다 / 그 강 근처에   I / live / near the river.

그 기계의 이름은 / FX이다   The name of the machine is FX.

The man in the store / wears / an apron. 그 가게의 남자는 / 입고 있다 / 앞치마를

She / saw / him / **at the mall in Suwon.** 그녀는 / 보았다 / 그를 / 수원의 상점에서

The dog on the rock / barked loudly.   바위 위의 개는 / 크게 짖었다

The problem of smoking / should be approached / **by economic aspect.**
흡연의 문제는 / 접근 되어야한다 / 경제적인 측면에서

The car on the hill / was smashed / **by strong wind.** 언덕위의 차는 / 부숴졌다 / 강한바람에 의해서

The relationship between students and teachers / was getting worse.
학생들과 선생님들과의 관계는 / 더 나빠지고 있었다

The members of the team / can not understand / his words.
그 팀의 멤버들은 / 이해 할 수 없다 / 그의 말을

She / let / me / know / **about the story.** 그녀는 / 해주었다 / 내가 / 알도록 / 그 이야기에 대해

They / came / **from the use of old cloth.** 그들은 / 왔다 / 낡은 천의 사용으로 부터

Most of the children / have / the doll. 아이들의 대부분은 / 가지고 있다 / 그 인형을

★ 전치사구가 명사(대명사)를 수식하며 들어올 때는 명사와 전치사구를 한 덩어리로 해석하며 연습한다.

다음을 해석하여라.

1. People of the team in our school / have / a new plan about doing the mission.

2. They / were looking for / the man / in the field over the hill in our town.

look for 찾다
hill 언덕 town 마을

3. The difference between the policy in this town and that of other towns / is about the equality.

difference 차이점
policy 정책 equality 평등
between A and B
A와 B사이에

4. The number of the population in many countries / is steadily increasing.

population 인구

5. He / wanted / to see the town across the lake in front of his house.

across ~건너에 lake 호수
in front of ~앞에

6. She / found / the clue about the accident between her and her husband.

clue 단서 accident 사건
husband 남편

7. The guy in the back yard of the blue house / was looking for / his child in a strange cap.

guy 남자 yard 마당
in a strange cap
이상한 모자를 쓴

8. Anyone in this hall of the hotel in the main street / should follow / the rules.

anyone 누구라도
follow 따르다
the rules 규칙들

9. I / met / a person / under a very big palm tree near the beach last Saturday.

under ~아래서
palm tree 야자수
near ~근처에
beach 해변
size 크기
depend on
~에 의존하다, ~에 달려있다

10. The size of the room / depends on the number of people.

(3) to부정사구

to부정사(不定詞/infinitive) : 쓰임이 다양해서 딱히 품사를 정할 수 없다는 의미

위 내용처럼 to부정사는 그 쓰임이 아주 다양하다. 여러분이 배웠던 명사적, 형용사적, 부사적 용법이라는 것이 바로 그것이다. 예를 들어, 우리말의 '먹다'라는 동사를 활용할 때, 서술어의 의미를 제외하고 (먹었다, 먹힌다, 먹는 중이다 등) 먹기 위해서, 먹는 것, 먹을, 먹기 위한, 먹도록, 먹으라고 등의 다양한 의미를 갖도록 변형하는 것을 영어에서는『to+동사원형』으로 통일하여 표현한다. 이렇게 많은 뜻을 가지고 있기 때문에 문장의 어느 위치에 있는지에 따라서 유연하게 해석해 주어야 한다.

또한, 동사의 활용과 관련된 내용이기 때문에 1형식에서 5형식까지의 해석과 능동, 수동 등의 해석도 고려해야한다.

To set a new plan / is not easy. 새로운 계획을 세우는 것은 / 쉽지 않다
The meeting **not to waste the plan** / was successful.   ※ to부정사의 부정형 not toV
그 계획을 버리지 않기 위한 미팅은 / 성공적 이었다
They / met / the boss / **to set a new plan.**
그들은 / 만났다 / 상관을 / 새로운 계획을 세우기 위해서
To help him solve the problem / we / gathered / a lot of information.
그가 그 문제를 풀도록 도와주기위해서 / 우리는 / 모았다 / 많은 정보를

To be treated equally / is our goal.   ※ 수동태 to부정사 to be p.p.
동등하게 취급받는다는 것이 / 우리의 목표이다
To have achieved the result / is incredible.   ※ to have p.p. ~했던 것(한 시제 앞선 내용)
그 결과를 성취했던 것은 / 믿을 수 없다

To be happy / is my top priority. 행복해 지는 것은 / 나의 최고 우선순위이다
They / urged / the people / **not to hate themselves.**
그들은 / 촉구했다 / 사람들에게 / 스스로를 미워하지 말라고
The policy / has helped / the homeless / **to have a meal at least once a day.**
그 정책은 / 도와주었다 / 노숙자들을 / 적어도 하루에 한번 식사를 하도록
One of my friends / wants / **to join the army.**
내 친구들 중 한명은 / 원한다 / 군대에 가는 것을

★ to부정사는 동사에 기반한 문법이기 때문에 동사의 덩어리(목적어나 보어등)을 함께 덩어리로 해석해 준다.

✏️ 가주어/진주어 「 ~하다, ~이다 / ~하는 것이 」

It is impossible / for you / **to do it.** 불가능하다 / 너에게 / 그것을 하는 것이

It is a rule / **to follow his order.** 규칙이다 / 그의 명령을 따르는 것이

It is wise / of you / **to exercise every morning.** 현명하다 / 너에게 / 매일아침 운동하는 것이

It is natural / for him / **to think so.** 당연하다 / 그에게 / 그렇게 생각하는 것이

It is dangerous / for you / **to go there.** 위험하다 / 너에게 / 그곳에 가는 것이

★ 가주어 진주어 표현은 to부정사구의 내용이 길어서 일단, 가짜주어로 서술어 표현을 먼저 이끌어 내는 것이다. 따라서 가주어 it은 해석하지 않는다.

의미상 주어를 쓸 때, 일반적으로 앞에 설명하는 보어로 쓰인 형용사가 '어떤 상태를 표현할 때는 for를 사용'하고, '사람의 성품 등을 나타낼 때는 of를 사용'한다.

✏️ 의미상 주어표현

쓰이는 전치사	for	of
대표문장형태 (현재형)	It is 형용사 for ... to ⓥ	It is 형용사 of ... to ⓥ
형용사 종류	natural, dangerous, difficult, safe, easy, possible, important...	nice, kind, polite, rude, careless, honest, smart wise ...

🖉 가목적어 / 진목적어 「 ~한다 / ~라고, ~로, ~하게 / ~하는 것을 」

The man / considered / it /wrong / <u>to give them some money.</u>
그 남자는 / 생각했다 / 잘못되었다고 / 그들에게 약간의 돈을 주는 것을

The situation / made / it / possible / for them / <u>to use the device.</u>
그 상황은 / 만들었다 / 가능하게 / 그들에게 / 그 장비를 사용하는 것을

He / thought / it / avoidable / <u>to cause trouble.</u>
그는 / 생각했다 / 피할 수 있다고 / 문제를 유발하는 것을

The girl / found / it / hard / <u>to rescue the eagles.</u>
그 소녀는 / 발견했다 / 어렵다고 / 그 독수리들을 구조하는 것을

We / believe / it / necessary / <u>to be involved in community service.</u>
우리는 / 믿는다 / 필수적이라고 / 사회봉사에 참여하는 것을

She / made / it / a rule / <u>to exercise every morning.</u>
그녀는 / 만들었다 / 규칙으로 / 매일아침 운동하는 것을

★ 위 문장들에서 보는 바와 같이 make, consider, believe, find, think 등의 동사가 5형식으로 쓰이게 되면, 목적어 자리에 to부정사를 쓸 수 없게 되어있다. 따라서, 가목적어 it을 먼저쓰고 보어를 위치시킨 후에 진목적어 to부정사를 쓰게 된다. 이 때 가목적어 it은 <u>해석하지 않는다</u>.

🖉 too~toV 「너무 ~한(하게) V하기에는」, enough toV 「V할 만큼 충분한(충분히)」

He / is too short / <u>to be a basketball player.</u>
그는 / 너무 작다 / 농구선수가 되기에는

She / has / too many handicaps / <u>to win the competition.</u>
그녀는 / 가지고 있다 / 너무 많은 단점을 / 그 경기를 이기기에는

They / had / enough money / <u>to buy the house.</u>
그들은 / 가지고 있었다 / 충분한 돈을 / 그 집을 사기에

She / is rich / <u>enough to help the orphans.</u>
그녀는 / 부자이다 / 고아들을 도와줄 만큼 충분히

You / should be bold / <u>enough to fight the demon in your mind.</u>
너는 / 대담해야한다 / 네 마음속에 악마와 싸울 만큼 충분히

다음을 해석하여라.

1. To take a medicine / you / should have a breakfast firsrt.

2. To have a nice car / is my dream.

3. The hope to make a peaceful world / would be created / if everyone in the world decides to practice from small thing.

4. The man / has to find the tool / to make the people understand the rule / to solve the problems.

5. The man in the warehouse / allowed / the workers in the field / to take some rest / and to have some food in the cafeteria near the forests.

6. The fish / was too heavy to catch.

7. They / thought / it / possible / to implement a carbon tax.

8. They / urged / the people in the team / to find the clue immediately, / to report the procedure, and / to solve the problems as soon as they could.

9. We / need to find / some reason to make the decision / to take some action for that accident.

10. It / is difficult / for him / to agree with her.

words & phrases

take amedicine
약을 먹다
have a breakfast
아침을 먹다

decide toV
~하는 것을 결심하다
practice 실천하다

have toV ~해야한다
tool 도구 solve 해결하다

warehouse 창고
take a rest 쉬다
cafeteria 식당

implement 시행하다
carbon tax 탄소세

urge 촉구하다
immediately 즉시
procedure 절차
as soon as 주어 can
주어가 가능한 한 빨리

decision 결정
accident 사고

agree 동의하다

(4) 동명사구

동명사 : 동사를 명사처럼 활용하는 것
의미 : ~하는 것, ~인 것, ~되는 것, ~했던 것
형태 : 동사원형 + ing (ex having eaten, being eaten, eating),
부정형은 not 동사원형+ing

Helping poor people / is necessary. 가난한 사람들은 돕는 것은 / 필수적이다
Not being kind to others / is wrong. 다른 사람들에게 친절하지 않는 것은 / 잘못이다
Allowing them to join the team / is difficult. 그들이 팀에 참여하도록 허락하는 것은 / 어렵다
Taking a picture on hot, sunny days / takes / a lot of effort.
덥고 맑은 날들에 사진 찍는 것은 / 필요로 한다 / 많은 노력을
Letting them watch the movie / will cause / them / to understand it.
그들이 영화를 보게 하는 것은 / 유발할 것이다 / 그들에게 / 그것을 이해하도록

Having found the clue / helped / us / to solve it.   ※ having p.p : ~했던 것
그 단서를 발견했던 것은 / 도와주었다 / 우리가 / 그것을 해결하도록

Being defined as smart / means / being accepted by the people.
                                              ※ being p.p. 수동태 동명사 : ~되는 것
영리하다고 정의되는 것은 / 의미한다 / 그 사람들에 의해 받아 들여 지는 것을
Being towed by the boat on the skis / made / me / thrilled.
스키위에서 보트에 의해 끌려가는 것은 / 만들었다 / 나를 / 짜릿하게

★ 동명사의 행위 주체를 나타내는 의미상주어는 소유격이나 목적격을 사용한다.

해석 : ~가 -한(인) 것 / ~의 -한(인) 것

His not being rude / made / me / happy.
그가 무례하지 않은 것은 / 만들었다 / 나를 / 행복하게
Her learning to teach the method / helped / her / to have a fresh view.
그녀가 그 방법을 가르치는 것을 배우는 것은 / 도와주었다 / 그녀에게 / 새로운 관점을 갖도록
He / knows / of **her playing the piano well**.
그는 / 알고 있다 / 그녀가 피아노 잘 치는 것에 대해서

★ 동명사의 의미는 간단하지만, 수동과 능동의표현 그리고 1~5형식의 동사표현을 덩어리로 연습해야 한다.

📝 동명사의 관용적 표현들

⟨ can not help Ving : ~ 하지 않을 수 없다⟩
He couldn't help laughing.   그는 웃지 않을 수 없었다.

⟨ on V ing : ~ 하자마자⟩
  On hearing his comeback, she started crying.
  그가 돌아온다는 소식을 듣자마자, 그녀는 울기 시작했다.

⟨ feel like V ing : ~ 하고 싶다⟩
  I / feel like drinking / something cold.   나는 / 마시고 싶다 / 차가운 무언가를

⟨ be worth V ing : ~ 할 가치가 있다⟩
  This book is worth reading.   이 책은 읽을 만한 가치가 있어.

⟨ be used to V ing : ~ 하는데 익숙하다⟩
  He / is used / to meeting new people.   그는 / 익숙하다 / 새로운 사람들을 만나는데

⟨ be busy V ing : ~하느라 바쁘다⟩
  They / are busy / doing their work.   그들은 / 바쁘다 / 그들의 일을 하느라

⟨ look forward to V ing : ~하는 것을 기대하다⟩
  I / am looking forward to / having the party.   나는 / 기대하고 있다 / 파티하는 것을

⟨ have hard time [trouble/problem/difficulty] V ing : 어려움을 겪다 ~하는데⟩
  I / had hard time / solving that problem.   나는 / 어려움을 겪었다 / 그 문제를 푸는데

⟨ spend 시간/돈/에너지 V ing : 시간 / 돈 / 에너지를 쓰다 ~하는데⟩
  They / spent their time helping their children.
  그들은 / 보냈다 / 그들의 시간을 / 그들의 아이들을 도와주는데

⟨ object to V ing : ~ 하는 것을 반대하다⟩
  The party / objected / to starting that policy.   그 정당은 / 반대했다 / 그 정책을 시작하는 것에

⟨ 막는다 / 목적어를 / ~하는 것으로 부터⟩
  [prevent / protect / prohibit / stop / keep
  / discourage / restrain / impede] + 목적어 from V ing

  We / have to prevent / it / from starting.   우리는 / 막아야 한다 / 그것을 / 시작하는 것으로 부터

words & phrases

peaceful 평화로운
complicated 복잡한

give up 포기하다
accept 받아들이다
position 직책
regretful 후회스러운
take care of 돌보다
be done 행해지다
carefully 주의깊게

solve 해결하다
set up 세우다
necessary 필수적인

take in 섭취하다
gain weight 살찌다

had toV ~해야만 했다
not having ~을 갖지 않은 것
passport 여권

at any time 언제든
is not allowed
허용되지 않는다

be aware of ~에 대해 알다
have to be quite
조용히 해야만 하다
session 시간, 기간

have hard time -ing
~하면서 어려운 시간을 갖다

having p.p ~했던 것
cave 동굴   save 구하다

다음을 해석하여라.

1. Making a peaceful world to live together / is not a complicated thing.

2. Giving up accepting that position / would be regretful.

3. Taking care of the babies / should be done very carefully.

4. To solve the problem, setting up new plan / is necessary.

5. The problem of taking in too much food / is not just gaining weight.

6. I / had to wait / for an hour / because of not having my passport.

7. Smoking in this building at any time / is not allowed.

8. He / was aware of / having to be quite during the session.

9. They / had hard time / preparing the concert.

10. Having found the cave / saved / my life.

(5) 분사구

분사란 동사를 형용사처럼(명사수식, 보어) 사용하는 것이다.

분사종류	형태	의미	해석
현재분사	동사원형 + ing	능동 / 진행	- 하는
과거분사	동사원형 + ed (p.p.)	수동 / 완료	- 되는

✏️ 보어로 사용

It / is **exciting.** 그것은 / 흥미진진하다
He / was very **excited.** 그는 / 매우 흥분했었다

★ 흔히들 사람에는 과거분사(ed) 사물에는 현재분사(ing)를 사용한다고 생각하지만 사실은 그렇지 않다. 대상이 느끼는 감정은 과거분사(ed), 대상에 대한 제3자의 평가는 현재분사(ing)를 사용한다.

ex) She / is amazed. 그녀는 / 놀랐다   She / is amazing. 그녀는 / 놀랍다

✏️ 명사수식으로 사용

The **crying** baby / is my son. 울고 있는 아기는 / 내 아들이다

The baby **(crying over there)** / is my son. 아기는(저기서 울고 있는) / 내 아들이다

They / saw / a **chased** dog. 그들은 / 보았다 / 쫓기는 개 한 마리를

She / let / the dog **(chased by wolves)** / hide in her barn.
그녀는 / 놔두었다 / 그 개를 (늑대들에 의해 쫓기는) / 그녀의 헛간 안에 숨도록

The man **(standing in front of the car)** / is my husband. 남자는(차 앞에 서있는) / 내 남편이다

They / need / a new robot **(equipped with flying device)**.
그들은 / 필요하다 / 새로운 로봇이 (비행장비가 갖추어진)

The man **(calling the dog Boo)** / was the best. 남자는(그 개를 Boo라고 불렀던) / 최고였다

The man **(called Tom)** / was the best. 남자는(Tom이라고 불렸던) / 최고였다

★ 분사구에서 가장 중요한 점은 하나의 덩어리로 명사를 뒤에서 수식하는 기능이다.

분사구문 (접속사 생략구문)

분사구문은 접속사생략구문이다. 접속사 절을 간략하게 만드는 것인데, 분사구를 사용하여 접속사절의 내용을 나타낸다.

해석은 「~하면서, ~할 때, ~ 때문에, ~이지만」 등으로 한다.
다양한 접속사가 있기 때문에, 해석은 문맥에 가장 어울리게 한다.

When he heard something move, he / immediately hid behind the rock.
= **Hearing something move,**
무언가 움직이는 것을 들었을 때, 그는 즉시 바위 뒤에 숨었다

He / watched / the movie / with her **and he thought about their future.**
= thinking about their future
그는 / 보았다 / 그 영화를 / 그녀와 함께 그들의 미래에 대해 생각하면서

Because he was threatened by his enemy, he / couldn't do anything.
= **Being threatened by his enemy**
= **Threatened by his enemy**
그의 적에 의해 위협받아서, 그는 아무것도 할 수 없었다

Knowing that he had little money, he / prepared / a cheap but meaningful thing.
그가 돈이 없다는 것을 알았기 때문에, 그는 / 준비했다 / 값싸지만 의미 있는 것을

Seeing her cry, the man / hugged / her.
그녀가 우는 것을 보고서, 그남자는 / 안아주었다 / 그녀를

다음을 해석하여라.

1. The girl causing the man to do the job / is my daughter.

2. The people in the team studying the matter / would find the clue.

3. She / would allow / her son having problem making decision / to see a doctor.

4. The heat reflected from the ground / couldn't escape because of the band of CO_2

5. The computer given to me by the man / works well.

6. The number of the people living in this area / has been falling / since 1997

7. Cars made in 1998 / are better in speeding / than those made in 1999.

8. The girl seeing the dog around the man having the beard / has a beautiful mind.

9. Something related with him / would be found / in a few days.

10. The device designed to make the people suffering from the disease ease the pain / will be successful.

words & phrases

cause A toV
A에게 ~하도록 유발하다

clue 단서

allow A toV
A에게 ~하도록 허락하다

reflect 반사하다
escape 탈출하다
band 띠

have(has) been -ing
~해오는 중이다

beard 턱수염

device 장비
ease 완화시키다, 덜어주다

[6] 접속사절

접속사절을 사용하여, 큰 의미 덩어리로 문장을 구체화 시키는 역할을 한다.

종속접속사

종속접속사절(접속사가 있는 절)은 한 덩어리의 문장으로 주절(접속사가 없는 절)의 내용을 구체화 시키는 역할을 한다.

종속접속사의 종류와 그 의미		
after ~후에 before ~전에 although ~일지라도 as ~할 때/ ~할수록 /~ 때문에 / 이지만, ~ 하듯이 as if 마치 ~인듯 as though 마치 ~인듯 as long as ~하는 한 because ~때문에 even if 만일 ~하더라도 even though 비록 ~일지라도	if 만일~라면 if only 만일~일때만 in order that ~할 수 있도록 now that 이제 ~이니까 once 일단 ~하면 rather than ~하기보다는 since ~때문에 so that ~할 수 있도록 that ~라고, ~라는(것) though ~일지라도 till ~할 때 까지	unless 만일 ~안한다면 until ~할 때까지 when ~할 때 whenever ~할 때마다 where ~하는 곳에서 whereas ~하지만,~하는 반면 wherever ~하는 곳 마다 while ~하는 동안, ~하지만

The idea (that we can do many things with our family) / encourages the event.
생각은(우리가 우리 가족과 많은 것들을 할 수 있다는) / 장려한다 그 행사를

She / said [that she would do the task (if she could get the reward)].
그녀는 / 말했다 [그녀가 그 일을 하겠다고(만일 그녀가 보상을 받을 수 있다면)]

[When he knew (that you came back the next week)], he / called her.
[그가 알았을 때(네가 다음 주에 돌아온다는 것을)], 그는 / 전화했다 그녀에게

(While he is a teacher), a part of him / is a student.
(그는 선생님이지만), 그의 일부는 / 학생이다

(Although he has many friends), he / has no friend to be with (when he is really in trouble).
(비록 그가 많은 친구들을 가지고 있지만), 그는 / 친구가 없다 함께 있을 (그가 정말로 어려움에 처했을 때)

(As the earth is the only place to live in), we / should protect it.
(지구는 유일한 장소이기 때문에 살 수 있는), 우리는 / 보호해야 한다 그것을

(Because he loved her), he / endured many problems.
(그가 그녀를 사랑했기 때문에), 그는 / 견뎌냈다 많은 어려움들을

상관접속사

종속접속사절(접속사가 있는 절)은 한 덩어리의 문장으로 주절(접속사가 없는 절)의 내용을 구체화 시키는 역할을 한다.

< 상관접속사의 종류와 그 의미, 그리고 쓰임 >

both A and B : A와 B 둘 다
not only A but also B
 : A일 뿐 아니라 B이기도
not A but B : A가 아니라 B
either A or B: A혹은 B(둘 중 하나)

so~ that… : 아주~하다 그래서…하다
neither A nor B : A, B 둘 다 아닌
whether A or B(not)
 : A이거나 B이거나(아니거나)
A as ~ as B : A는 B만큼~한(하게)

She / made the plan **both** for the students **and** for the teachers.
그녀는 / 만들었다 그 계획을 학생들과 선생들 둘 다를 위해

They / **not only** did their best **but also** tried to minimize the damage.
그들은 / 최선을 다했을 뿐 아니라 피해를 최소화 하고자 노력했다.

The reason why he can't come here / is **not** because he is busy **but** because he doesn't want to come.
그가 이 곳에 오지 못하는 이유는 / 그가 바쁘기 때문이 아니라 그가 오고 싶지 않기 때문이다.

Either you **or** she / must be here on time.
너나 그녀 중 한명은 / 정시에 이곳에 있어야 한다.

Neither the men of the village **nor** those of another / could find any clue.
그 마을의 사람들이나, 다른 마을의 사람들도 / 찾을 수 없었다 어떠한 단서도

Whether he wants to help her **or** he wants to help others, he should do it now.
그가 그녀를 돕고 싶든, 다른 이들을 돕고 싶든, 그는 그것을 지금 해야 한다.

She had **as** much talent **as** her mother did.
그녀는 그녀의 어머니가 가진 것만큼 많은 재능을 지녔었다.

He / prepared so many tools that they can do it easily.
그는 / 준비했다 아주 많은 도구들을 그래서 그들은 그것을 쉽게 할 수 있다.

★ 종속접속사는 하나의 문장덩어리로 해석하고, 상관접속사는 쓰이는 방식을 익히고 덩어리로 해석한다.

words & phrases

show up 나타나다
concentrate on
~에 집중하다

alone 혼자인, 홀로

rise-rose-risen
떠오르다
heart 심장 beat 뛰다

offer 제공하다
goods 제품

practice 실천하다

as ~하듯이
treat 다루다, 해결하다

lie-lay-lain 눕다

spend 시간 -ing
-하면서 시간을 보내다
normal 평범한

다음을 해석하여라.

1. When the man showed up in the cafe, all men saw him although they had to concentrate on what they were doing.

2. If you understand that you are not alone and that there is always someone to help you, you will be happy.

3. As the sun rose up higher, my heart was beating faster.

4. Because there are too many troubles in the team, we can't win many games.

5. If they can offer more goods to me, I can sell them all.

6. The man said if people knew the rules about the happiness and if they could practice them, they would be happier.

7. As any person in my place would do it, I'll treat it the same way.

8. You will get a message after the interview if you pass the test.

9. Last night when I lay on my bed, I thought about myself.

10. While the people living today spend much time making money to get the things they need to live a normal life, only a few people know they should surely do the job for their happiness.

(7) 관계사절

관계대명사절과 관계부사절은 하나의 덩어리로 선행사를 수식해 준다.

✏️ 관계대명사절

관계대명사절은 앞에 오는 명사(선행사)를 하나의 문장 덩어리로 꾸며주는 역할을 주로 한다.

<관계대명사의 종류>

	주격	목적격	소유격
사람	who [that]	who(m) [that]	whose
사물	which [that]	which [that]	whose/ of which

※ what: ~하는 것 - 선행사 없이 쓴다.

✏️ 주격관계대명사의 해석

주격관계대명사는 선행사를 꾸며주는 문장에서 선행사와 같은 단어가 주어로 쓰였던 것을 대신한다.

The man **(who has a car)** / can help / us / to carry it.
남자는 (차를 가지고 있는) / 도울 수 있다 / 우리가 / 그것을 운반하도록

She / has / a car **(which is more spacious than mine)**.
그녀는 / 가지고 있다 / 차를 (내 것보다 더 넓은)

She / made / the robot **(which can make us comfortable)**.
그녀는 / 만들었다 / 로봇을 (우리를 편안하게 만들 수 있는)

Those **(who spent a lot of time practicing)** / won / the race.
사람들은 (연습을 하며 많은 시간을 보냈던) / 이겼다 / 그 경주에서

The boy **(who is standing at the front door)** / is my son.
소년은 (앞문에 서있는) / 내 아들이다

※ 주격관계대명사+be동사는 생략가능

⭐ 주격관계대명사절은 동사의 형식에 따라서 「~인, ~한, ~하는, …을 ~하는, …에게 ~하는, …에게 ~하도록 하는」 등으로 해석한다.

🖉 목적격 관계대명사의 해석

목적격관계대명사는 선행사를 꾸며주는 문장에서 선행사와 같은 단어가 목적어로 쓰였던 것을 대신한다.

The girl (whom she was looking for) / was my daughter.

소녀는 (그녀가 찾고 있었던) / 내 딸이었다

She / needs / a computer (which her father bought for her).

그녀는 / 필요하다 / 컴퓨터가 (그녀의 아버지께서 그녀에게 사주신)

The machine (which we need to make the task easier) / is too expensive.

기계는 (우리가 그 일을 쉽게 만들기 위해 필요한) / 너무 비싸다

They / helped / the man (who police chased) / hide in their house.

그들은 / 도와주었다 / 남자를 (경찰이 쫓는) / 그들의 집에 숨도록

The building (which the team built) / was found / under the sand layer.

그 건물은 (그 팀이 지었던) / 발견되었다 / 모래층 아래에서

※ 목적격관계대명사는 생략가능

(★) 목적격관계대명사절은 「주어가 동사하는」 이라고 해석한다.

🖊 소유격관계대명사의 해석

소유격관계대명사는 선행사를 꾸며주는 문장에서 선행사와 같은 단어가 소유격으로 쓰였던 것을 대신한다. 이때 소유격의 단어(형용사의 역할)가 주어자리에 쓰였는지 혹은 목적어 자리에 쓰였는지에 따라서 해석은 달라진다.

1. 소유격단어가 꾸며주는 문장의 주어자리에 쓰인 문장의 해석

The butterfly / attracts / the enemy. 그 나비는 / 유혹한다 / 그 적을

The butterfly's wings / are colorful. 그 나비의 날개는 / 화려하다
(주어자리)

The butterfly **(whose wings are colorful)** / attracts the enemy.
그 나비는(그것의 날개가 화려한) / 유혹한다 / 그 적을

2. 소유격단어가 꾸며주는 문장의 목적어자리에 쓰인 문장의 해석

The butterfly / is killed / because of it. 그 나비는 / 죽임을 당한다 / 그것 때문에

The butterfly / uses / **its** wings to attract the enemy.
(목적어자리)
그 나비는 / 사용한다 / 그것의 날개를 / 그 적을 유혹하기위해

The butterfly **(whose wings it uses to attract the enemy)** / is killed because of it.
그 나비는 (그것의 날개를 그것이 사용하는 그 적을 유혹하기 위해서) / 죽임을 당한다 그것 때문에

★ whose+명사 다음에 동사가 나오면 「그것의 ~은[는, 이, 가]」라고 해석하고,
whose+명사 다음에 주어+동사가 나오면 「그것의 ~을[를]」이라고 해석한다.

관계대명사 what의 해석

관계대명사 what은 선행사 없이 쓰고 문장에서 **명사절**의 역할을 한다.
what은 선행사를 포함하는 관계대명사의 의미, 즉 the thing which의 의미를 갖는다.
이 때, what이 있는 같은 덩어리 안에 있던 (대)명사 한 단어를 대신해서 들어간다.

예를 들어, It has something to solve the problem.
이라는 문장을 관계대명사 what을 사용한 하나의 명사절로 만든다면,

what has something to solve the problme
문제를 풀기 위해 무언가를 가지고 있는 것 (위 문장의 it을 대신)

what it has to solve the problem
문제를 풀기 위해 그것이 가지고 있는 것 (위 문장의 something을 대신)

등으로 사용할 수 있다.

(What we need to help him) / is patience.
(우리가 그를 돕기위해서 필요한 것은) / 인내심이다

They / have / **(what you want)**.
그들은 / 가지고 있다 / (네가 원하는 것을)

You / can be **(what they want you to be)**.
너는 / 될 수 있다 (그들이 네가 되기를 바라는 것이)

(What looks like happiness) / can sometimes be a disaster.
(행복처럼 보이는 것이) / 때로는 재앙이 될 수 있다

I / don't know / **(what happened to her)**.
나는 / 모른다 / (그녀에게 일어난 것을)

(Waht you have to do now) / is to keep silent.
(네가 지금 해야만 하는 것은) / 침묵을 지키는 것이다

★ 관계대명사 what은 한 덩어리로 「~하는[라는, 인] 것」이라고 해석한다.

✏️ , (comma) 관계대명사의 해석

, (comma) 관계대명사는 접속사를 생략하고 comma(,)를 넣은 후에 문장을 연결하는 방식이다. 접속사가 생략되면, 앞에 오는 내용과 일치하게 되는 명사나 대명사 하나를 뒤에 오는 문장에서 관계대명사로 바꾸어준다.

앞서 배운 소유격관계대명사의 해석처럼 관계대명사 뒤에 동사가 나오면 「~은[는, 이, 가]」 관계대명사 뒤에 주어+동사가 나오면 「~을[를]」 이라고 해석한다.

She / did everything, **which [=but it]** was in vain.
그녀는 / 모든 것을 했다 그러나 그것은 헛된 것 이었다.

They / had / two children, **who [=and they]** became a doctor.
그들은 / 가지고 있었다 / 두 명의 아이들을 그리고 그들은 의사가 되었다.

She / has / many friends, **all of whom [=and all of them]** are not rich.
그녀는 / 가지고 있다 / 많은 친구들을 그리고 그들 중 모두는 부자가 아니다.

He / made / many tools, **about half of which [=and about half of them]** we use today.
그는 / 만들었다 / 많은 도구들을 그리고 그것들 중 절반정도를 우리가 오늘날 사용한다.

The team / found / some artifacts from the grave, **which [=and they]** prove their presence.
그들은 / 발견했다 / 몇 개의 인공물들을 무덤에서 그리고 그것들은 그들의 존재를 증명한다.

뒤 문장에서 해석하게 되는 접속사 and , but 등은 문맥에 맞게 해석한다.

⭐ comma(,)관계대명사는 접속사의 뜻(and, but)을 넣고 뒤 문장의 관계대명사를 대명사처럼 해석해 준다.

전치사 + 관계대명사의 해석

전치사 + 관계대명사는 선행사를 뒤에서 꾸며주는 문장에서 전치사 + 명사의 구조를 가지고 있던 것이다. 전치사+명사의 덩어리 안에 있던 명사가 선행사와 일치하기 때문에 관계대명사로 바꾸어준다.

The stage **on which** they perform the play was made by him.

위 문장은 The stage was made by him. 라는 문장을
They perform the play on the stage. 문장으로 꾸며준다.

on the stage의 the stage 를 which 로 바꾸고 앞 문장의 The stage 바로 뒤에 on which 를 위치시키는 식이다.
따라서 전치사 + 관계대명사는 다음과 같이 전치사의 의미를 문맥에 맞게 해석해 주면 된다.

The stage (**on which** they perform the play) / was made by him.
무대는 (그 위에서 그들이 연극을 공연하는) / 만들어 졌다 그에 의해

The extent (**to which** she can endure the situation) / isn't clear.
정도는 (거기까지 그녀가 상황을 견딜 수 있는) / 분명하지 않다

They / set / the speed (**at which** the machine can function).
그들은 / 설정했다 / 속도를 (거기까지 그 기계가 작동할 수 있는)

They / are proud of the building (**for which** the town is famous).
그들은 / 자랑스럽다 그 건물이 (그것으로 그 마을이 유명한)

The trees (**on which** the insects feed) / are decreasing in number.

※ feed on ~을 먹고살다

나무들은 (그것을 그 곤충들이 먹고사는) /감소하고 있다 숫자 면에서

The scientists / conducted / an experiment (**in which** the subjects watched a movie).
그 과학자들은 / 수행했다 / 실험을 (그 안에서 피험자-실험대상자-들이 영화를 보았던)

★ 전치사 + 관계대명사는 꾸며주는 문장에서 전치사구로 쓰인 것이므로 문맥에 맞게 해석해 주면 된다.

관계부사절

관계부사절은 앞의 선행사를 하나의 부사절로 꾸며주는 것이다. 관계부사 = 전치사 + 관계대명사 부사구를 관계부사로 바꾸고 꾸며주기 때문에 목적어나 보어는 그대로 남아서 수식한다(완전한 문장).

<관계부사의 종류>

쓰임	관계부사 종류	예문
장소	where	I visit Suwon where my mother lives.
시간	when	It was yesterday when I found his car.
이유	the reason why	I wanted to know the reason why he didn't come.
방법	the way [how] ※ 둘 중 하나만 사용	That's the way he solved this problem.

관계대명사는 명사하나를 대신해서 표현하고, 관계부사는 부사구 전체를 관계부사로 대신하여 표현한다.

- 관계부사의 사용

He visited the house **where [=in the house]** he had lived.

- 관계대명사의 사용

He visited the house **which [=the house]** his father had made.

He / has / the reason **(why he didn't call her).**
그는 / 가지고 있다 / 이유를 (그가 그녀에게 전화하지 않은)

That / is the place **(where the earthquake happened).**
그곳은 / 장소이다 (그 지진이 발생했던)

The way **(he solved the problem)** / was excellent.
방식은 (그가 그 문제를 해결했던) / 훌륭했다

She / hesitated / to accept the time **(when the mission was given).**
그녀는 / 주저했다 / 받아들이는 것을 시간을 (그 임무가 주어졌던)

In the countries **(where there is economic recession)**, many people / turn to other country to get a job.
나라들에서(경기 침체가 있는), 많은 사람들은 / 다른 나라로 눈을 돌린다 직업을 얻기 위해서

(★) 관계부사절은 모두 하나의 완전한 문장으로 선행사를 꾸며준다.

다음을 해석하여라.

1. The man we had met / was the guy who could make it possible.

2. We / need some books which were written by Mr. Lee.

3. The machine he made / is very useful when we slove the math problems.

4. She was looking for the place which her father visited before.

5. The cars the company made / are very popular in the country.

6. The people who live here / are required to have some food their babies need.

7. Sally / created many things people can use in their daily lives.

8. They / have built the house whose windows we made.

9. The election which was aimed to select the new mayor / was successful.

10. The soccer player who experienced many difficulties in his life / succeeded in his field.

---

useful 유용한

popular 인기있는

be required toV
~하도록 요구받다

daily lives 일상

election 선거
be aimed toV
~를 목표로 하다
mayor 시장

다음을 해석하여라.

11. They / suggested many methods by which we can get help from the board.

method 방법
board 위원회

12. In the nations where there is racial discrimination people / try to make some rules to eliminate it.

racial discrimination 인종차별
eliminate 제거하다

13. So many people / found the book which they bought interesting that the web site where people can buy the book became popular.

14. The reason why we should support our children's independence / is to make them genuine person in our society.

independence 독립
genuine 진정한
society 사회

15. They / put much effort in making the standard by which we can get equal opportunities.

put effort in
~에 노력을 쏟다
standard 기준
opportunity 기회
equal 동등한

[8] 간접의문문절

「의문사(if/whether)+주어+동사 ☞ 명사절의 기능(주어, 목적어, 보어)」
의 형태로 문장 속에서 명사절의 기능을 한다.

(Where you lived) / is not important.　　주어로 쓰인 간접의문문
(네가 어디서 살았는지는) / 중요하지 않다

The matter / is **(where you lived)**.　　보어로 쓰인 간접의문문
문제는 / (네가 어디서 살았는지) 이다

I / want to know **(where you lived)**.　　목적어로 쓰인 간접의문문
나는 / 알고 싶다(네가 어디서 살았는지를)

✎ 의문사가 없는 간접의문문

Whether you could go or not / is not the issue. (o)
(네가 갈수 있었는지 아닌지는) / 문제가 아니다
If you could go or not / is not the issue. (x)

※ 간접의문문에서 if와 whether는 같은 의미를 지니지만, if로 시작하는 간접의문문은 주어자리에 사용할 수 없다.

간접의문문은 명사절이기 때문에 전치사 뒤에서 사용될 수 있다.

This instruction / is about **(how you can use this)** and **(when it is the best time to use it)**.
이 지시문은 / (어떻게 네가 이것을 쓸 수 있는지)그리고(언제가 그것을 사용하기에 최고의 때인지)에 관한 것이다.

We / should discuss something about **(how and when we can start the mission)**.
우리는 / 논의해야한다 (어떻게 그리고 언제 우리가 그 임무를 시작할 수 있는지) 에 관한 무언가를

I / am interested in **(how you can do it without help from other members)**.
나는 / 관심있다 (어떻게 네가 그것을 할 수 있는지 다른 멤버들의 도움없이) 에

They / wanted / me / to say **(where you were)** and **(how I got to know you)**.
그들은 / 원했다 / 나에게 / 말하기를 (네가 어디 있었는지) 그리고 (어떻게 내가 너를 알게 되었는지)를

★ 간접의문문은 하나의 덩어리로 「~지, ~가」라고 해석한다.

다음을 해석하여라.

1. They / should find out where it first started and how it could spread through the world.

2. Whether or not they could make it / is not certain.

3. You will be asked about why you apply for that position and how you will manage it.

4. I / am wondering how you could find the reason but the important thing is what you will do with it.

5. They / chased the man and asked him how he could escape from the jail and who helped him to make it.

6. It / can tell us where it happened and then how it has changed the world.

7. We / should know the fact about why he had to make another plan and when he had started it.

8. Don't ask me why I should continue it and when I will quit.

9. Whether I live my own life and whether I try my best on my choice / are most frequently asked questions to myself.

10. Last night I / thought about if I truly loved her and , if so, what I could do for her.

words & phrases

spread-spread-spread
퍼지다

whether or not A
~인지 아닌지

apply for ~에 지원하다
position 직책
manage 관리하다

chase 추격하다
escape 탈출하다
jail 감옥
make it 성공하다

continue 지속하다
quit 그만두다

frequently 자주

if so 만일 그렇다면

MEMO

Chapter 3

해석의 기술

실전 독해연습

words & phrases

pattern 양식, 형식
distributor 분배자
for yourselves 스스로

1. Although usually the patterns are sold by shops and other distributors, you also work for yourselves as a hobby.

needle 바늘 thread 실
feature ~의 특징을 갖다
blessing phrase
축복 어구   such as ~같은
favorites 좋아하는 것들

2. With a needle and thread, you can make a design which features your favorites such as flowers, trees, poems, or blessing phrases.

work 작품
tend toV
~하는 경향이 있다
place 놓다(=put)
celebrate
축하하다, 기념하다

3. After you make your own work, you tend to place this on the wall of your own home or sometimes give it to somebody as a gift to celebrate the special moments in your life.

hut 오두막
run away 도망치다
ask 목적어 to V
목적어에게 ~하길 요구하다

4. A fox who was running away from hunters saw a woodcutter and asked him to find a hiding place. The woodcutter let him hide in his hut.

some moments later
잠시 후

5. Some moments later the hunters arrived and asked the woodcutter if he had seen a fox nearby.

6. When the woodcutter scolded him for not showing gratitude for having saved him, the fox replied, "I would thank you if your gestures had agreed with your words.

woodcutter 나무꾼
gratitude 감사
gesture 행동
agree with ~와 일치하다

7. If you're caring for someone who is in long-lasting pain, your natural response may be to tell him to lie down and then do everything for him.

care for 돌보다
long-lasting pain 오래 지속되는 고통
tell 목적어 to V
목적어에게 ~하라고 말하다
natural 자연스러운, 당연한

8. According to a recent study in the journal Pain, this might be doing more harm than good.

journal (언론)잡지
recent 최근의

9. The research found that friends and family of the person in pain had better encourage him to keep going on with his life.

encourage 목적어 toV
목적어가 ~하도록 격려하다
had better ~하는게 더 낫다
keep~ing 계속~하다
go on with ~을 계속하다

10. Taking a rest can help a patient cure his disease and recover his strength soon.

cure 치료하다
recover 회복하다
strength 힘
help 목적어 toV
목적어가~하도록 도와주다

words & phrases

accompany
~와 동행하다
~와 수반하다
amazing 놀라운

11. Send us an one-minute video or a color photograph accompanied by a story, showing why your pet should be named America's Most Amazing Pet.

unique 독특한
appeal 매력

12. In most countries where there are mountains, people enjoy the unique appeal of skiing.

form 형식, 형태
slope 경사
slim 날씬한, 좁은
plate 판

13. In its simplest form, skiing is sliding down a snow-covered slope on a pair of long, slim plates called skis.

enable 목적어 toV
목적어가~하게 하다
device 장치
few 몇 안되는
power-producing device
동력생산장치

14. It is one of the few sports that enable people to move high speed without any power-producing device.

expert 전문가   trail 길
soar 솟아오르다
obstacle 장애물
course 코스, 방식, 길
advanced 진보된, 발전된
highly 아주

15. In its most advanced form, it is a highly skilled sport in which experts can slide down a mountain trail at more than 60 miles an hour, soar through the air for several hundred feet, or make quick turns through an obstacle course.

16. Calculating the number of people in large countries is not an easy job.

calculate 계산하다

17. The official census, taken in 2000, was conducted by telephone and through interviews.

census 인구조사
conduct 수행하다
official 공식적인

18. Since then, the Census Bureau has used the population clock to predict growth.

bureau 국, 부서
predict 예측하다

19. Not long ago I saw a Shoe comic strip by Jeff MacNelly that showed Shoe standing on the mound in a baseball game.

not long ago 얼마 전
comic strip 만화(신문의)

20. That kind of trouble could lead to many problems in their lives. In other words, the lack of faith in themselves usually gets people to face difficulties in their lives.

in other words 즉
lack 결핍   faith 신념
get 목적어 to V
목적어가 ~하게 하다
face 직면하다
lead toN ~을 야기하다

bite 물다　**scared** 겁먹은
hurt 다치게 하다
confused 혼란스러운

21. Sometimes when dogs bite people, it's not because they're trying to hurt them but because they're scared or confused.

rush into~ 서둘러 ~하다

22. So when 10-year-old Amanda Kutcher learned that dogs biting people could be killed, she rushed into action. "I felt sorry for the dogs."

safety tips 안전수칙
approach 접근하다
sign 표시, 징후

23. Amanda teaches kids safety tips, such as never to approach a dog with its tail between its legs. That's a sign that the dog is scared and might bite.

model 모델, 모범
come toV ~하게 되다
principle 원칙

24. Every day, a man would sit in front of me whom I came to see as a model of the "Become the CEO of Your Life" principle.

moment 순간, 때
series of~ 일련의~ 연속된~
improve 개선하다

25. From the moment he sat down until the moment we arrived at the station, he would do arm stretches, and a series of exercises to improve his health.

26. Rather than joining the people who complain they don't have enough time to work out, he took matters into his own hands and made use of the opportunity.

complain 불평하다
work out 운동하다
take matters into one's hands 문제를 해결하다
make use of= use 이용하다
opportunity 기회

27. Much of the behavior of animals is instinctive and learning plays only a small role in determining their actions.

instinctive 본능적인
play a role 역할을 하다
determine 결정하다
in ~ing ~하는데 있어서

28. In essence, humans have the same biological needs as any other mammal. However, our actions are a product of very complex learning processes.

in essence 기본적으로
need 욕구 product 산물
complex 복잡한
process 과정

29. If human actions were governed by instinct, there would be little hope for the success of programs aimed at changing human behavior patterns.

govern 통제하다, 좌지우지하다
aim 겨냥하다, 목표를 두다
behavior 행동
pattern 양식, 형식
instinct 본능

30. Many students were waiting all the way down the stairs, since our school cafeteria was in the basement.

cafeteria 식당
basement 지하

words & phrases

tumble 넘어지다, 구르다
stare 보다   scrap 긁다
must have p.p.
~했음에 틀림없다

31. Suddenly, I tumbled down the stairs, and everyone was staring at me!
My hands and knees were all scrapped up. My boyfriend must have seen me fall.

muscle 근육   joint 관절
flexible 유연한

32. Stretching is a natural way to keep your muscles and joints flexible.

length 길이
blood flow 혈류
oxygen 산소   organ 기관
tissue 조직
internal 내부의
in turn 차례로
fiber 섬유
mobility 가동성, 이동성
spine 척추

33. Stretching your muscles increases the length of your muscle fibers, increases the mobility and strength of your joints and spine, and increases blood flow and oxygen to your internal organs and tissues, which in turn increases your energy level.

maintain
유지하다, 관리하다
flexibility 유연성
perform 수행하다
strain 혹사시키다
tight 뻑뻑한

34. What this means in real life is that if you maintain flexibility you'll be able to perform everyday activities without straining tight muscles.

include 포함하다
routine 일상   stiff 뻣뻣한
suffer 고통받다
stay 유지하다

35. If you do not stay active and include a few simple stretches in your everyday routine, you'll be more stiff and probably suffer from "my aching back" a little more often.

36. Hospice, a special concept of care, is designed to provide comfort and support to patients and their families when a life-limiting illness no longer responds to treatments.

concept 개념
design 만들다
life-limiting 시한부
respond 반응
treatment 치료
comfort 위안, 위로

37. In order to perform this service well, it is provided by a group of specially trained professionals or volunteers.

provide 제공하다
train 훈련하다 trainer 교관
trainee 훈련생
professional 전문가
volunteer 자원봉사자

38. They deal with the emotional, social and spiritual impact of the disease on the patient and the patient's family and friends.

deal with 다루다
emotional 정서적인
spiritual 영적인
impact 충격

39. When you are trying to explain something complex, it may be necessary to use a board.

explain 설명하다
complex 복잡한
necessary 필수적인
board 판, 칠판

40. Positive thinkers are like athletes who, through practice, build inner energy that they use in competition.

athlete 운동선수
competition 경기, 경쟁

words & phrases

similarly 유사하게, 이와 같이
attitude 자세
feed 먹이다 **pure** 순수한
positive 긍정적인

41. Similarly, positive thinkers build a positive attitude by feeding their mind on the pure, the powerful and the positive every day.

negative 부정적인
overcome 극복하다
otherwise 그렇지 않으면 앞의 것 안했으면
defeat 패배시키다

42. They realize that we are all going to be faced with the negative and if we have a positive attitude we will be able to overcome; otherwise the negative will defeat us.

be like ~와 같다
yacht 요트를 타다
particular 특별한
path 길   **ahead** ~ 앞의
in that ~라는 점에서
generally 일반적으로

43. Iceboat racing is generally like regular yachting in that it uses a particular path and that you pass a boat ahead of yours.

context 환경
various 다양한
communication 소통

44. In most social contexts, women have more various ways of communication than men.

operate 작동하다
female 여성의
quite a bit 꽤
differently 다르게

45. That is why the female brain operates quite a bit differently from the male brain.

46. Researchers have proved that all brains are female until about sixty days after pregnancy.

pregnancy 임신

47. Richard was on his way to the office to talk about his business schedule with his boss.

on one's way to~ ~로 가는 중이다

48. All of a sudden, he heard two explosions from the side of the road. Gunshots!
He bent his head down and floored the accelerator, but felt a sudden heavy weight on his right shoulder.

all of a sudden 갑자기
explosion 폭발
floor 누르다, 밟다
weight 무게

49. After a day of stress and pressure at the office, most of us arrive home tired and exhausted.

pressure 압박
exhausted 탈진한

50. Like gladiators who have just completed the battle of their lives, we wearily walk to our arm chair and order family members to leave us alone until we regain our calmness.

wearily 힘없이
gladiator 투사, 전사
complete 완수하다
battle 전투
order 목적어 to V
목적어에게 ~하게 하다

words & phrases

enter 들어가다
scenario 이야기
greet 인사하다

51. Taking 10 minutes to relax before you enter your home will help you avoid making this sorry scenario. Then, you'll be the person your family wants you to be when you greet them.

wrong 잘못을 하다
selfish 이기적인
selfless 이타적인
forgive 용서하다

52. Forgiving someone who has wronged you is actually a selfish act rather than a selfless one.

let go of ~을 놓아주다
bottle up 채우다
benefit 이익
hatred 증오

53. Letting go of the hatred that you may have allowed to bottle up inside you is actually something you do for yourself rather than for the benefit of the other person.

carry 지니다 back 등

54. When you hate someone, it is almost as if you carry that person around on your back with you.

amazing 놀라운
compliment 칭찬
give away 주다

55. It's amazing that such a small, simple skill like giving away compliments can change the way you view yourself and the world around you.

56. In short, the games people play are not simply a matter of choice but also reflect financial ability

in short 즉
matter 문제
reflect 반영하다
ability 능력
financial 재정적
not only A but also B
A뿐만 아니라 B 이기도하다

57. Your thought processes shifts from looking for the worst in people to looking for the best.

shift from A to B
A에서 B로 바뀌다

58. While students learn a lot of good skills and knowledge for their future in high school and college, parents also should teach children the characteristics that make for success in the real world such as diligence, a cooperative attitude, creativity, optimism, and honesty.

knowledge 지식
characteristic 성품
diligence 근면함
cooperative 협동하는
creativity 창의력
optimism 낙관주의
honesty 정직
make for 보완하다

59. Before sending them into the world, make your kids ready to handle the tasks of life and social obstacles with strategy and character.

handle 다루다
task 일   obstacle 장애
strategy 전략
character 성품, 인품

60. Even reduced fees, however, will discourage the poor people from having that kind of participatory and active education in museums.

reduced 인하된
discourage A from ~ing
A가 ~못하게 하다
participatory 참가
fee 요금

afford ~의 여유가 있다
educational 교육적인
as well 또한, 역시

61. Those who cannot afford reduced fees for entering museums cannot get other educational experiences like movies or plays as well.

nervous 긴장한
in the end 결국에

62. Think of a time when you were nervous about trying to do something new and it was difficult as well, but in the end, you succeeded.

perhaps 아마도

63. Perhaps the biggest difference is that parents in the past didn't worry so much whether we were happy; they worried whether they were happy.

has nothing to do with
~와 관련이 없다
starve 굶다

64. The way of losing weight has nothing to do with jogging or starving yourself.

certain 특정한
interval 때, 기간

65. This is true because your body needs certain foods at certain intervals each day.

66. If you do not eat the right foods at the right times, your body will store those calories as fat.

store 저장하다
fat 지방

67. They may make extra large heads and small bodies or huge hands and feet to draw special attention to them.

extra 특별한
draw 끌다, 당기다

68. When the ships first left England in search of the New World without any maps, they always made sure they had cages full of crows on board.

in search of ~을 찾아
make sure ~을 확실히하다
crow 까마귀

69. An amazing new invention helps overweight children. It also reduces the hours of television they watch every day.

reduce 줄이다, 감소하다
invention 발명
overweight 과체중의

70. It measures the number of steps the child takes during the day and sends this information to the family computer.

measure 측정하다
during+ 명사 ~동안에

badness 나쁜 것
every side 모든 면
be toV
~하기 마련이다
~하고자 한다

71. They believed that old days were better than the present, for the badness of the past was little known, while present badness was to be seen on every side.

thus 따라서   **holy** 신성한
be to V
~하게 되어 있다
achievement 업적

72. Thus perfection was to be found in the achievement of past times, and men wanted to write as good books or lead as holy lives as the great people of old.

signal
신호를 보내다

73. Halfway around the world, an American couple traveling by car in Australia was stopped by a policeman in Sydney for failing to signal before turning.

respond 반응하다
relieved 안도하는

74. Relieved, the American man responded with a smile and the thumbsup sign.

rescue 구조(하다)

75. The police sent a text message back to them saying that a rescue helicopter was looking for them.

76. However, I think that what makes math difficult is the power that the term mathematics has upon people's minds.

mathematics 수학
term 용어

77. After a while, the farmer became tired of being awakened in the middle of the night by the cock's sounds.

awake 깨우다, 깨어있는
cock 수탉

78. Instead of planning to cover a certain number of miles, learn to live in the moment and enjoy the journey.

cover 다루다
journey 여정

79. But nothing on earth can compare to experiencing the pleasure of discovering the world around you.

compare to ~에 비유하다
compare with ~와 비교하다
pleasure 기쁨

80. Each country has unique daily routine, and each member has to follow it.

unique 독특한
routine 일상

follow 따르다

81. Even if you do not like to sleep , you have to follow it and be at home.

request 목적어 toV
목적어가 ~하도록 요구하다

82. If you are a foreign businessman, you can not request your staff to work at this time.

give away 치우다
voice 소리

83. When we gave away TVs, I wondered how we could fill up all that space of silence that was filled with voices from them.

grass 풀밭
rocking chair 흔들의자

84. After breakfast the visitors at the hotel walk slowly out on to the sunny grass and let themselves down into rocking chairs.

draw 들이쉬다
blow out 내뿜다
effort 노력

85. To draw tobaccosmoke into their mouths and blow it out again seems to be the only effort they make for the day.

86. There is no reason why any of them should move till lunchtime except to pat the black dog that goes around.

pat 쓰다듬다
except toV
~하는 것을 제외하고

87. Statistics can help us learn more about people and places and what is happening in the world around us.

statistics 통계학

88. We can also use statistics to help us make decisions about the things we do.

decision 결정

89. There are many ways in which we can use statistics to help us every day.

statistics 통계학

90. On September 1, 1914, a twentynine - year - old bird named Martha, the last known passenger pigeon, died in the Cincinnati Zoo.

passenger pigeon
나그네 비둘기
September 9월

words & phrases

attempt 시도, 노력
yet 그러나

91. Yet in the nineteenth century, there were so many passenger pigeons in America that no attempt was made to protect them.

area 지역
raise 기르다
in addition 게다가

92. In addition, passenger pigeons were finding it harder and harder to find the wide areas of land they needed to raise their young.

flock 무리, 떼
extinct 멸종된
huge 거대한

93. By the beginning of the twentieth century, Martha was all that was left from the huge flocks, and with her death, the birds became extinct.

reward 보상
rather than ~ 보다

94. Most animals prefer smaller rewards right now, rather than greater ones in the future.

expect 목적어 to V
목적어가 ~하기를 기대하다

95. Mother expected me to cry when Champ was killed by accident.

96. But it may be because, more than anything else, Champ's death made me think seriously about something that I had never really thought about before.

seriously 심각하게
more than anthying else 다른 무엇보다도

97. At that time, I had never even known a person who had died.

at that time 그 당시

98. Some people do not believe politicians who are rich or well educated. They think these politicians will not be able to understand the problems of the average working person.

politician 정치가
average 보통의, 일반의 평균적인

99. Also, they pose for photographers wearing working clothes or buying a hot dog from a snack bar.

pose 자세를 잡다
snack bar 분식가게
working clothes 작업복

100. Whether large or small, simple or complex, no creature lives alone.

creature 생명체

nonliving thing 무생물
surrounding 환경

101. Each depends in some way upon other living and nonliving things in its surroundings.

waste 분비물
nutrient 영양분

102. Animals' wastes and the parts of dead animals provide many of the nutrients plants need.

moose 사슴의 일종
starve 굶다

103. If the plants in its environment were destroyed, the moose would have to move to another area or starve to death.

in turn 차례로
depend upon 의존하다

104. In turn, plants depend upon such animals as moose for the nutrients they need to live.

tiny 작은
stick 막대기, 조각
cash 현금 meal 식사
pay for 지불하다

105. The store lets its guests use a tiny, gray plastic stick to pay for meals, instead of cash.

106. The same technology is more and more used to let drivers go through toll gates.

technology 기술

107. A device called EZPass has collected more than 6 million users in and around New York City.

device 장비
in and around~
~의 안과 주위에서

108. He often tells his students that while he loves teaching, a part of him would love to be a builder.

while ~하지만, ~하는 반면에
builder 건축가

109. Robert tells his students that when they do their homework or housework, they need to learn from how builders do their work.

110. The walls are made by stacking old tires and putting cardboard between the tires.

stack 쌓다
cardboard 두꺼운 판

not only A but (also) B
A뿐 아니라 B 역시
in the long run
장기적으로
resource 자원

111. Earthships not only help us recycle waste, but they help save natural resources in the long run.

consider 고려하다
break up 해체하다

112. The Board of Education is considering breaking up the Springfield High School football team.

year after year 매년
terribly 끔찍하게
criticize 비난하다
rude 무례한

113. Year after year, the football players behave terribly and every year they are criticized for their rude conduct.

114. In the back seat of the car next to mine were two sweet little boys.

might have p.p.
~했을지도 모른다

115. Like most parents, you might have spent money on a toy that your child didn't play with very much.

116. You might have found your child playing more with the box than the toy that came in it.

117. Buying a set of table blocks, cube blocks, or cardboard blocks is a very good investment in your child's play.

investment 투자

118. Young children develop math skills by counting, matching, sorting, grouping, and adding blocks while they play.

match 짝 맞추다
count 수를 세다
sort 분류하다
group 묶다
add 더하다

119. First of all, his supposed activities would break all the rules of physics-how could anyone fly around the world in just one night visiting every child?

supposed 예상되는, ~하기로 되어있는
first of all 무엇보다도, 우선
physics 물리학

120. Secondly, if Santa existed, don't you think that someone would have seen him delivering the presents, at least once?

deliver 배달하다

121. Many of the businesses today are started by people who have lost their jobs.

be good at ~ ~을 잘하다
be poor at ~ ~을 못하다
find out 알아내다

122. The first thing they must do is to find out what they are really good at.

mean 의미하다
skill 기술
every time ~할 때마다

123. In order to succeed in business, they need to know about themselves first, and then ask themselves "What am I good at?" every time they want to do something new.

124. What it does mean is that it is best to go with the skills and experience that you already have.

pale 창백한
desirable 바람직한, 인기있는

125. We often think pale skin is no longer desirable in summer season.

126. The desire for a quick suntan has led to the invention of sprays and lotions that darken the skin without lying under the sun.

desire 욕구
spray 분사하는 것
lotion 바르는 로션
darken 어둡게 하다

127. We can use those products at home lying down on a sofa and get what looks like the same suntan just for a few dollars.

what looks like
~처럼 보이는 것

128. "The temperature is expected to rise quickly in a short time today, so be careful if you are driving or quarreling with your spouse."

quarrel 말다툼 하다
spouse 배우자, 짝
expect 예상하다

129. The weather forecaster warned people that a temperature rise of about 5 degrees Celsius in an hour can have a bad effect on people's minds.

forecaster 예보관
warn 경고하다

130. The idea of relating the weather to people's change of mood in a formal weather report raised a sensation.

mood 기분, 분위기
raise 일으키다
sensation 신선한 충격
relate 연관짓다
formal 공식적인

words & phrases

be supposed toV
~하기로 되어있다
stay out 나가있다

131. For example, they often want to stay out later than they are supposed to.

strict 엄격한
bend 굽히다
unkind 무정한

132. Some parents are afraid that they might be too strict and unkind to their children, and they may bend their rules.

properly 적절하게
generous 관대한
bring up 기르다
towards ~ 에게

133. If children are to be brought up properly, however, their parents must be careful not to be too generous towards them.

sunrise 일출
sunset 일몰
constant 지속적인
source 원천

134. Between sunrise and sunset, cars, buses, and trucks are a constant source of noise in the streets.

comforting
위안을 주는

135. It seems that the comforting effects of silence cannot be found anywhere.

136. Print news organizations, especially newspapers, are seeing their profits drop and the number of their readers decrease.

organization 조직

137. Questions lead you to examine an issue that otherwise might go unexamined.

examine
검사하다, 시험하다, 살펴보다

138. Teachers love questions because they show your interest and curiosity.

curiosity 호기심

139. When it comes to shoes, some women care more about how shoes make them look than how they make their body feel.

when it comes to N
~에 있어서는

140. In fact, 42 percent of women say they would wear uncomfortable high shoes in order to look more stylish.

in fact 사실
uncomfortable 불편한
stylish 맵시있는

words & phrases

slim 날씬한
attractive 매력적인

141. They think high heels not only make them look taller, but also make them look slimmer and more attractive.

blister 물집
hammer toe
망치같이 굽은 기형발가락

142. Wearing high heels can cause blisters and hammer toes, which can be painful and ugly.

criticism 비평
popularity 인기

143. In the 1930s, she published her first two books, but earned neither much criticism nor popularity.

work out 운동하다
though 그러나

144. Anyone who is serious about working out at a gym will say that they always carry a water bottle in their gym bag.

according to N
~에 따르면
recent 최근의

145. According to recent research, though, drinking too much water is as bad as drinking too little.

146. The researchers are encouraging anybody who jogs, cycles, or power walks to limit the amount of water they drink while exercising.

amount 양
encourage 목적어 to V
목적어가 ~하도록 격려하다

147. They say that drinking water at every opportunity can cause health problems such as dizziness.

dizziness 현기증

148. You should know your body well enough to know how much is too much.

149. George Meany, a labor union leader, once said that economics is the only profession in which you can rise to fame without ever being right about your prediction.

labor union 노동조합
economics 경제학
prediction 예측
fame 명성
profession 전문분야

150. Economics has never been a science — and it is even less now than a few years ago.

despite + 명사
~에도 불구하고
landscape 풍경
variety 다양함

151. Yet despite its small size, Puerto Rico has a wide variety of landscape.

nap 낮잠 risk 위험
reduce 줄이다
heart attack 심장마비
play a part 역할을 하다

152. Scientists did research to see if naps during the middle of the day could play a part in reducing the risk of a heart attack.

take a nap
낮잠을 자다

153. People who took 30 minute naps three times a week had a 37 percent lower risk of death from heart problems than those who did not take naps.

task 일, 과업

154. Renting cars, flying in airplanes, or checking into hotels is a much easier task if you have a credit card.

purchase 구매
process 과정

155. Even if you only use your credit cards for big purchases, you'll find that the traveling experience will be a much smoother process.

156. Unlike cash or checks, credit cards make it much easier to handle your documents and receipts.

unlike ~와 다르게
cash 현금   check 수표
handle 다루다
document 서류
receipt 영수증

157. If something happens after traveling, all you need to do is look back at your statement.

statement 계산서

158. Animals are capable of doing many things. Perhaps your goldfish swims to the surface looking for food when you move near its tank.

capable ~이 가능한
goldfish 금붕어
surface 표면   tank 수조

159. The door did not open, and yet he sensed a huge cloudy presence before him.

sense 감지하다
cloudy 희미한
presence 존재
and yet 그리고 게다가

160. On the other hand, those who like pop, country, and religious music tend to be trusting of others and hardworking.

on the other hand 한편
religious 종교적인
trust 믿다
hardworking 열심히 노력하는

words & phrases

afterward 후의

161. In an interview afterward, he was asked how he felt when the tigers could see him but he could not see them.

unnecessarily 불필요하게
innocent 죄없는
passenger 승객
pedestrian 보행자

162. Each year hundreds of people die unnecessarily, including many innocent passengers, pedestrians, and other drivers.

unable ~할 수 없는
vehicle 탈것(자동차)
drunk 술 취한

163. All of them are killed by people unable to control their vehicle because they are drunk.

debate 토론
random 무작위

164. The debate has to be about whether random breath testing will do anything, and whether it will help solve the problem.

fall 감소   figure 수치

165. Many countries have had random testing for some time and have seen no real fall in drunk driving figures.

166. Even in few countries that have seen such a fall, you cannot distinguish the effects of random testing from those of the accompanying advertising and campaigns.

distinguish 구별하다
accompanying 수반하는, 동반하는

167. He or she may not be feeling very well that day, but he or she smiles and does not get angry when a child behaves badly.

behave 행동하다
badly 나쁘게

168. What if we could export our alphabet, Hangul? The world has already recognized the excellence of it, and now we are about to export it to East Timor.

what if~?
만일 ~라면 어떻겠는가?
recognize 인식하다
export 수출하다
be about toV
막 ~하려고 하다

169. A Korean professor suggested that Hangul can represent every sound of Tettom, so the First Lady of East Timor has thought about importing it.
"If they actually use it as their official alphabet, they will be able to easily express themselves in written form," said the professor.

professor 교수
represent 나타내다
official 공식적인

170. Cats have been loved as pets for a long time because they can become human's good friends.

pet 애완동물

words & phrases

raise 기르다
ancient 고대의
spiritual 영적인

171. It was believed that cats were first raised as pets in ancient Egypt.
Ancient Egyptians loved their cats very much because they thought cats were spiritual animals.

frequent 빈번한, 자주가는
equipment 장비

172. Fortunately, my brother, the most frequent camper I know, isn't planning to go camping that week, so I can borrow his equipment.

robber 강도
criminal 범죄자

173. In 1826, Texas was a dangerous place to live in. There were robbers and criminals who could do almost anything they wanted.

develop 개발하다
the 비교급, the 비교급
더 ~할수록, 더 ~하다

174. The more you read, the more you will build up your vocabulary and develop your reading skills.

article 기사
encourage
격려하다, 힘을 주다
whenever ~할 때마다

175. Wherever possible, choose books or articles which encourage you to read on.

176. Make sure they are at your level, or only a little above your level, neither too difficult nor too easy.

make sure ~
~을 확실히 하다

177. As you read a new word in context, there is a very good chance that you will be able to guess its meaning.

context 문맥, 글
chance 가능성
guess 추측하다

178. "We need evidence that the word is showing up in publications that people are reading on an everyday basis," said John Morse, president of the dictionary publishing company.

evidence 증거
show up (=appear)
나타나다

179. Once you have smelled the delicious aroma of garlic, you'll never forget it.
It is an herb that is widely used in cooking and salads.

aroma 향
garlic 마늘
once 일단 ~하면

180. Whether or not the soldiers fought any better because of their garlic eating is unknown.

unknown
알려지지 않은

complain 불평하다, 항의하다
fingerprint 지문을 찍다
cafeteria 식당

181. Some parents in Santa Barbara, California are complaining about a new plan to fingerprint students when they buy their lunch in the cafeteria.

be supposed toV ~하기로 되어 있다, ~해야 한다
index finger 검지

182. The children are supposed to press their index finger onto a scanner before buying food.

pull up 불러오다

183. The scan will then pull up students' names, their parents' names, their addresses and the amount of money they have to pay.

call for A toV A가 ~하기를 요구하다
transfer 전송하다

184. This new system calls for their personal information to be written on a piece of paper and then transferred to a computer.

state government 주정부

185. The data is then gathered and the information is sent to the state government.

186. Suddenly out of the forest came a monster bear. It was much bigger than a lion. I shouted strongly, "I see you. I am after you. You cannot escape me."

shout 소리치다
escape 도망치다

187. On hearing the sound of the gun, the great bear turned and fled from me.

on~ing ~하자마자
flee-fled-fled 도망치다

188. Writer's block- a condition that leaves you unable to put your thoughts on paper - can be very discouraging.

unable ~할 수 없는
discouraging 낙담시키는
condition 상황,상태

189. People try many things for writer's block, from reading other writers' great works to exercising.

from A to B
A에서 B까지

190. Beginning to write anything tends to activate the writing part of your brain so you can keep going.

tend toV
~하는 경향이 있다
activate 활성화시키다
keep ~ing 계속 ~하다

words & phrases

teach-taught-taught
가르치다
fighter jet 전투기
air force 공군
instructor 교관

191. Whenever I remember my experience in the Mexican Air Force, I think of my flight instructor because he taught me how to fly a fighter jet.

caffeine 카페인
harmful 해로운
avoid 피하다

192. Do you want to have a cup of coffee to help you wake up but avoid it because caffeine is harmful to your health?

evidence 증거
contain 함유하다
chemical 화학물질
antioxident 항산화제
point toN 지적하다
blood ciculation
혈액순환

193. She points to scientific evidence: coffee contains some chemicals, tannin and antioxidants, which are good for the heart and blood circulation.

compare A to B
A를 B에 비유하다

194. Let's compare choosing a career to going to the movies.

in other words 즉

195. In other words, with your career, you should decide which job will best suit your personality.

196. Finally, decide how to get movie tickets, and find out where the theater is before you go.

decide 결정하다

197. It's true that people from different parts of the world have different cultures.
But sometimes we can be surprised at how similar we all are.

similar 유사한
culture 문화

198. For example, Koreans say that they will get a stomachache if someone they know buys a piece of land.

stomachache 복통
express 표현하다, 나타내다

199. This expresses the idea that a person can become so jealous that he or she will become sick.

jealous 질투하는

200. In English, people will say that a jealous person is "green with envy."
In Europe, people believe that the skin of an ill person turns a greenish color.

envy 부러움 skin 피부
greenish 푸르스름한

words & phrases

plant 식물
lack 부족하다
survive 살아남다
alone 홀로
live on ~을 먹고살다

201. This giant flower needs another plant to live on. It lacks the structures needed to survive alone.

attach 붙이다 root 뿌리
suck 빨다 juice 즙

202. It attaches itself to the roots of other plants and sucks their juices.

used to V ~하곤 했다
disaster 재난
burn 타다

203. People were taught that forest fires were always bad. They used to think that it was a disaster when trees burned in a forest.

forest keeper
삼림 감시원
put out 불을 끄다
immediately 즉시

204. In the past whenever there was a forest fire, the forest keepers immediately put it out.

chief 장, 수장
explain 설명하다
save 구하다, 보존하다

205. The chief of the Forest Service recently explained that there is a new and better way to save our forests.

206. Small limited fires are a part of nature. That is the way that old, dead, and diseased trees are cleared away to make room for new trees.

limited 제한된
nature 자연
diseased 병든
room 공간

207. To communicate well, it's not enough to show the speaker that you are receiving the factual message.

communicate 의사소통하다
receive 받았다
factual 실제의

208. Here's an example of someone receiving the information but missing the message.

information 정보

209. To be an active listener, Bill has to do more than just think over the factual information that Alice has delivered.

active 능동적인
listener 청취자
deliver 전달하다

210. Take a chance, get involved, and help make life a little better in your new home.

involve 포함하다 관련시키다

words & phrases

involved in
~에 관련된,~에 참여하는
block association
마을 모임(협회)
community 공동체
be by~ing ~함으로써 된다

211. One of the best ways to become involved in your community is by joining a block association.

decide 결심하다
find out 알아내다

212. A group of scientists decided to find out if they really do walk faster.

rate 비율
twice 두 배의

213. The scientists found out that city walkers move at almost twice the rate of walkers in small towns.

bean 콩

214. American cowboys had to eat beans, beans, and more beans. Because of this, they made up new names for the beans to make themselves laugh.

breathe 숨쉬다
breath 호흡   **ash** 재
get burned 화상입다
fly-flew-flown 날다

215. It was getting hard to breathe and I was getting burned by the ashes as they flew by.

216. The police investigated the crime, but it was an ordinary man and his dog that found the trophy.

investigate 조사하다
crime 범죄
ordinary 보통의
trophy 우승컵

217. They discovered a strange object that was wrapped in a newspaper and buried in a garden.

strange 이상한
object 물체
wrap 싸다, 포장하다
bury 매장하다, 묻다

218. One thing they know is that lemons remind people of things that are fresh and clean.

remind A of B
A에게 B를 떠오르게하다

219. However, they didn't understand why I was suddenly so sad and what high school pressures were like; the perfect body, the perfect grades and the perfect friends.

pressure 압박
grade 점수

220. Whenever I saw movies, I became the star of the cheerleading team who leads it to victory, or the young lady who falls in love with a handsome man.

victory 승리
fall in love with
~와 사랑에 빠지다

words & phrases

script 대본
it occurs to 사람 that
사람에게 ~이 떠오르다

221. Then it occurred to me that those characters had their scripts written out for them.

victim 희생자
unavoidable 피할수 없는
circumstance 환경
no doubt
의심의 여지가 없다
beggar 거지

222. It is no doubt that there are some beggars who are victims of unavoidable circumstances.

unfortunately 불행히도
beg 구걸하다
face up 맞서다

223. Unfortunately, many people still choose to live on the streets and beg for money rather than face up to their financial problems.

necessary 필수적인
seek 찾다

224. It doesn't help them to find a job or seek the necessary help from the government.

worse 더 나쁜
in real need
진짜 어려움에 있는
professional 전문적인

225. Even worse, there are many 'professional beggars' who are not in real need.

226. It is not properly applied to many unfortunate people in our society.

applied 적용된
properly 적절하게
unfortunate 불운의

227. They find themselves homeless or penniless because of unemployment or a miserable family background.

homeless 집 없는
penniless 돈 없는
unemployment 실업
miserable 끔찍한

228. It is all too easy to end up as a beggar on the streets with no family or community support in our increasingly selfish society.

end up ~의 결과를 낳다
support 지원
increasingly 점점더

229. Individually and as a society, we have a duty to help them through individual giving on the streets as well as through charities and through government action.

duty 의무
charity 자선단체

230. It is said that the Chinese first made firecrackers in the 800s, filling bamboo sticks with gunpowder and exploding them at the New Year with the hope that the sound would scare away evil spirits.

firecracker 불꽃놀이
explode 폭발하다
evil 악 spirit 정신
scare away
겁주어 쫓아내다
bamboo 대나무

various 다양한
burst 터지다
bomb 폭탄

231. Their loud sounds and various colored lights were described as "bombs bursting in the air."

232. Scientists believe that some animals have a map in their heads to find their way.

take time 시간을 내다

233. People take time from sleep to do other things.

supper 저녁식사

234. People work longer, go to meetings at night, eat supper late, watch television, or go out until late.

romantic 낭만적인

235. While flower giving is very popular these days, the most common reason to give flowers is to express romantic love.

236. Nervous first dates, wedding decorations and bouquets, anniversaries, and Valentine's Day are all special events that need beautiful, carefully selected flowers.

wedding 결혼식
decoration 장식
bouquet 꽃다발
anniversary 기념일

237. Flowers are often presented for a celebration such as birthdays and given to Moms on Mother's Day by children.

present 주다

238. His special sense of humor and passion for life brought so much pleasure to others.

sense of humor 유머감각
passion 열정
pleasure 기쁨

239. Food researchers say that when humans searched for food, they learned to avoid toxic objects, which were often blue, black, or purple.

search for ~을 찾다
avoid 피하다
toxic 독성의
purple 보라색의

240. When food dyed blue is served to people, they lose appetite — they don't want to eat.

dye 염색하다
appetite 식욕
serve 제공하다

words & phrases

care about 신경쓰다

241. A student with a cell phone in the classroom is the one who cares more about having fun than studying.

describe 설명하다
the night before
전날 밤
relationship 관계
moved 감동한

242. He described the tearful good-bye everyone had the night before he left, and I could tell he was deeply moved by the relationships he formed.

fossil fuel 화석연료

243. We depend greatly on fossil fuels because about 75% of the energy we use comes from them.

amount 량
carbon dioxide
이산화탄소
green house effect
온실효과

244. The problem is that they increase the amount of carbon dioxide in the air and cause the greenhouse effect.

solar 태양(의)
produce 생산하다
electricity 전기
run 운행하다

245. Solar can be used to produce electricity, which can then be used to run cars and fly airplanes.

246. Most of us know that skin protects us from heat, cold, or dirt.

protect 보호하다
dirt 먼지, 더러운 것

247. Among some animals, smell plays a different role from its role among people.

among ~사이에(셋 이상)
between ~사이에(둘)

248. Even though large dinners often make people sleepy, it is better to relax after a meal than to sleep.

relax 휴식하다

249. The rambutan tree is native to Malaysia and Indonesia. Rambutan is the Malay word for hair, and refers to the hairlike spine of the fruit.

be native to ~가 원산지이다
refer toN ~을 의미하다
spine 가시

250. No matter who you are, follow the basics of good health. Eat healthy, get plenty of physical activity, get plenty of sleep, avoid the bad stuff like cigarettes, alcohol, and drugs, and get a doctor's checkup each year.

plenty of 많은
stuff =thing 따위, 것
cigarette 담배
alcohol 술
drug 마약
checkup 건강검진

MEMO

문장 수식구조 설명

[ ] or ( ) : 하나의 의미덩어리를 표시

⌒ : 수식관계를 표시

／ : 문장 성분 의미단위 표시(주어, 서술어, 목적어, 보어 등)

ABC : 하나의 의미단위 안에서의 작은 의미단위를 표시

ABC : 수식을 받는 개체를 표시

Chapter 1 — 영어의 어순

(1) 1형식 해석

1. He / goes to school.
   그는 / 간다 학교에

2. It / can last forever.
   그것은 / 영원히 지속될 수 있다

3. We / exist in this world.
   우리는 / 존재한다 이 세상에

4. The game / ended at 7.
   그 게임은 / 끝났다 7에

5. She / sleeps in her bed.
   그녀는 / 잔다 그녀의 침대에서

6. They / sat on the bench.
   그들은 / 앉았다 그 벤치에

7. The man / will arrive here.
   그 남자는 / 도착할 것이다 여기에

8. The problem / arose from that.
   그 문제는 / 일어났다 그것으로부터

9. She / stood in front of the house.
   그녀는 / 서있었다 그 집앞에

10. They / walked in the park.
    그들은 / 걸었다 공원에서

(2) 2형식 해석

14 page ▶

1. It / tastes terrible.
   그것은 / 끔찍한 맛이 난다

2. She / is so beautiful.
   그녀는 / 아주 아름답다

3. They / remained unchanged.
   그들은 / 변하지 않은 채 남아있었다

4. They / are good friends.
   그들은 / 좋은 친구이다

5. He / grew older.
   그는 / 더 나이 먹었다

6. Leaves / turn brown in fall.
   잎들은 / 갈색으로 변한다 가을에

7. It / proved true.
그것은 / 사실로 증명되었다

8. It / seems wrong.
그것은 / 잘못 된 듯 보인다

9. The child / got frightened.
그 아이는 / 겁먹었었다

10. He / looks angry.
그는 / 화나 보인다

(3) 3형식 해석

16 page

1. The man / made / this building.
그 남자는 / 만들었다 / 이 건물을

2. He / broke / the window.
그는 / 깼다 / 그 창문을

3. They / are using / this computer.
그들은 / 사용하고 있다 / 이 컴퓨터를

4. The employees / have / many problems.
그 직원들은 / 가지고 있다 / 많은 문제들을

5. The machine / has / many functions.
그 기계는 / 가지고 있다 / 많은 기능들을

6. They / know / [that you would not take it].
그들은 / 알고 있다 / [네가 그것을 받지 않을 거라고]

7. It / suggested / [that we should not watch TV (while eating)].
그것은 / 제안했다 / [우리가 TV를 봐서는 안 된다고 (먹는 동안)]

8. I / think / [that we need more information].
나는 / 생각한다 / [우리가 더 많은 정보가 필요하다고]

9. The teacher / believed / [that she had to read it].
그 선생님은 / 믿었다 / [그녀가 그것을 읽어야만 했다고]

10. We / learned / [that he studied hard].
우리는 / 배웠다 / [그가 열심히 공부했다고]

(4) 4형식 해석

18 page ▶

1. She / made / me / a cup of coffee.
그녀는 / 만들어주었다 / 나에게 / 한 잔의 커피를

2. She / offered / him / the job.
그녀는 / 제안했다 / 그에게 / 그 일을

3. They / send / us / the letters.
그들은 / 보낸다 / 나에게 / 그 편지들을

4. The office / issued / you / tickets.
그 사무실은 / 발행했다 / 너에게 / 티켓들을

5. They / will charge / you / an entrance fee.
그들은 / 부과할 것이다 / 너에게 / 입장료를

6. The manager / notified / us / [that the store would be closed].
그 매니저는 / 공지했다 / 우리에게 / [그 가게가 문을 닫게 될 거라고]

7. The man / informed / me / [that she was in the house].
그 남자는 / 알려주었다 / 나에게 / [그녀가 집안에 있다고]

8. She / convinced / her parents / [that she would make it].
그녀는 / 납득시켰다 / 그녀의 부모님께 / [그녀가 그것을 해 낼 것이라고]

9. The researchers / advised / us / [that we should reduce the fossil fuels].
그 연구원들은 / 충고했다 / 우리에게 / [우리가 화석연료를 줄여야 한다고]

10. The author / reminded / readers / [that we should help people in need].
그 저자는 / 상기시켰다 / 독자들에게 / [우리가 어려움에 처한 사람들을 도와야 한다고]

(5) 5형식 해석

20 page ▶

1. You / make / me / a better man.
너는 / 만든다 / 나를 / 더 좋은 남자로

2. He / let / her / see the sky.
   그는 / 놔두었다 / 그녀가 / 하늘을 보도록

3. They / saw / him / playing the piano.
   그들은 / 보았다 / 그가 / 피아노를 연주하는 것을

4. She / heard / someone / call her name.
   그녀는 / 들었다 / 누군가가 / 그녀의 이름을 부르는 것을

5. I / see / the people / scared of the man.
   나는 / 본다 / 그 사람들이 / 그를 두려워하는 것을

6. She / allowed / them / to send a letter.
   그녀는 / 허락해 주었다 / 그들에게 / 편지를 보내도록

7. He / urged / people / to join him.
   그는 / 촉구했다 / 사람들에게 / 그와 함께하라고

8. They / forced / her / to give up.
   그들은 / 강요했다 / 그녀에게 / 포기하라고

9. The girl / wanted / her father / to buy a new car.
   그녀는 / 원했다 / 그녀의 아버지께 / 새로운 차를 사기를

10. The man / told / her / to have courage.
    그 남자는 / 말했다 / 그녀에게 / 용기를 가지라고

Chapter 2 — 덩어리(chunk) 표현

 (1) 동사구　　　　　　　　　　　　　　　　　　　　26 page ▶

1. She / has helped / many people / to study English.
   그녀는 / 도와왔다 / 많은 사람들이 / 영어를 공부하도록

2. The mission / will be completed / by noon.
   그 임무는 / 완수 될 것이다 / 정오까지

3. They / must have thought / [that they were chosen by the god].
   그들은 / 생각했음에 틀림없다 / [그들이 신에 의해 선택되었다고]

4. The kids / need to be taken care of carefully.
   그 아이들은 / 주의 깊게 돌보아질 필요가 있다

5. We / have allowed / the students / to go out during lunch time.
   우리는 / 허용해왔다 / 학생들에게 / 점심시간 동안에 밖에 나가도록

6. The inventions / have improved / our lives.
   그 발명품들은 / 개선해 왔다 / 우리의 삶을

7. The building / has been steadily used / by many residents.
   그 건물은 / 꾸준하게 이용되어 왔다 / 많은 주민들에 의해

8. The guy / is attentively listening to her lecture.
   그 남자는 / 집중해서 그녀의 강의를 듣고 있다

9. The music / was being continuously played / by the pianist.
   그 음악은 / 끊임없이 연주되는 중이었다 / 그 피아니스트에 의해

10. It / will be able to be taken / to the place / by some scientists.
    그것은 / 가져가 질 수 있을것이다 / 그 장소로 / 몇몇 과학자들에 의해

(2) 전치사구

> 28 page ▶

1. People (of the team) (in our school) / have / a new plan (about doing that mission).
   사람들은(그 팀의)(우리 학교의) / 가지고 있다 / 새로운 계획을 (그 일을 하는 것에 대한)

2. They / were looking for / the man (in the field) (over the hill) (in our town).
   그들은 / 찾는 중 이었다 / 남자를 (들판에 있는) (언덕 너머에) (우리 마을에 있는)

3. The difference (between the policy in this town and that of other towns) / is about the equality.
   차이점은(이 마을의 정책과 다른 마을의 그것 사이의) / 평등에 관한 것이다

4. The number(of the population) (in many countries) / is steadily increasing.
   숫자는(인구의)(많은 나라들의) / 꾸준히 증가하고 있다

5. He / wanted / to see the town (across the lake) (in front of his house).
   그는 / 원했다 / 보는 것을 마을을 (호수 건너편의) (그의 집 앞에 있는)

6. She / found out / the clue (about the accident) (between her and her husband).
   그녀는 / 알아냈다 / 단서를(사건에 대한) (그녀와 그녀 남편사이의)

7. The guy (in the back yard) (of the blue house) / was looking for / his child (in a strange cap).
   남자는 (뒷마당의)(파란 집의) / 찾고 있었다 / 그의 아이를 (이상한 모자를 쓴)

8. Anyone (in this hall) (of the hotel) (in the main street) / should follow /the rules.
   누구라도(이 홀에 있는)(호텔의)(main street 에 있는) / 따라야 한다 / 규칙들을

9. I / met / a person / (under a very big palm tree) (near the beach) (last Saturday).
   나는 / 만났다 / 어떤 사람을 / (아주 큰 야자수 나무 아래에서)(해변 근처에 있는) (지난 토요일에)

10. The size (of the room) / depends on the number (of people).
    크기는(방의) / 달려있다 숫자에(사람들의)

(3) to부정사구

30 page ▶

1. (To take a medicine) / you / should have a breakfast first.
   (약을 먹기 위해서) / 너는 / 먹어야한다 아침을 먼저

2. (To have a nice car) / is my dream.
   (좋은 차를 갖는 것)은 / 내 꿈이다

3. The hope (to make a peaceful world) / would be created [if everyone in the world / decides to practice from small things].
   희망은(평화로운 세상을 만들려는) / 창조될 것이다 [만일 모든 사람이 세상의 / 결심한다면 실천하는 것을 작은 것부터]

4. The man / has to find the tool / (to make the people understand the rule) (to solve the problems).
그 남자는 / 찾아야만 한다 도구를 /(사람들이 그 규칙을 이해하게 만들기 위한) / (그 문제들을 풀기위해)

5. The man (in the warehouse) / allowed the workers (in the field) / ① to take some rest and / ② to have some food (in the cafeteria) (near the forests).
그 남자(창고의)는 / 허락했다 일꾼들에게(벌판에 있는) / ① 휴식을 좀 취하라고 그리고 / ② 음식을 먹으라고 (식당에서)(숲 근처에 있는)

6. The fish / was too heavy (to catch).
그 물고기는 / 너무 무거웠다(잡기에는)

7. They / thought / it / possible / to implement a carbon tax.
그들은 / 생각했다 / 불가능하다고 / 탄소 세를 시행하는 것을 ※ 가목적어 it은 해석하지 않음

8. They / urged / the people (in the team) / ① to find the clue immediately , / ② to report the procedure, and / ③ to solve the problems (as soon as they could).
그들은 / 촉구했다 /사람들에게(그 팀의) / ① 단서를 찾으라고 즉시, / ② 과정을 보고하라고, 그리고 / ③ 문제를 해결하라고 (그들이 할 수 있는 한 빨리)

9. We / need to find / some reason (to make the decision) (to take some action <u>for that accident</u>).
우리는 / 찾을 필요가 있다 / 이유를(결정을 내리기 위한)(행동을 취하기 위해 <u>그 사건에 대한</u>)

10. It / is difficult / for him / to agree with her.
어렵다 / 그에게 / 그녀와 동의하는 것은   ※ 가주어 it은 해석하지 않음

(4) 동명사구

34 page ▶

1. (Making a peaceful world to live together) / is not a complicated thing.
   (평화로운 세상을 만드는 것은 함께 살아가기 위해) / 복잡한 것이 아니다.

2. (Giving up accepting that position) / would be regretful.
   (포기하는 것은 그 직책을 받아들이는 것을) / 후회 될 것이다.

3. (Taking care of the babies) / should be done very carefully.
   (아기들을 돌보는 것은) / 이루어 져야한다 아주 주의 깊게

4. (To solve the problem), (setting up new plan) / is necessary.
   (그 문제를 풀기위해), (새로운 계획을 세우는 것은) / 필요하다.

5. The problem (of taking in too much food) / is not (just gaining weight).
   문제는(너무 많은 음식을 먹는 것의) / (단지 몸무게가 느는 것이)아니다

6. I / had to wait for an hour because of (not having my passport).
   나는 / 기다려야 했다 한 시간 동안 (내 여권을 갖지 않은 것)때문에

7. (Smoking in this building at any time) / is not allowed.
   (담배피우는 것은 이 빌딩에서 어느 때든) / 허용되지 않는다.

8. He / was aware of (having to be quite during the session).
   그는 / 알고 있었다 (그 시간 동안 조용 해야만 하는 것)에 대해

9. They / had hard time / (preparing the concert).
   그들은 / 어려운 시간을 가졌다 / (콘서트를 준비하면서)

10. (Having found the cave) / saved /my life.
    (그 동굴을 발견했던 것이) / 구해주었다 / 내 생명을   ※ having p.p. ~ 했던 것

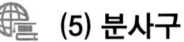

(5) 분사구

1. The girl (causing the man to do the job) / is my daughter.
   소녀는(그 남자에게 그것을 하도록 유발하는) / 내 딸이다

2. The people (in the team studying the matter) / would find the clue.
   사람들은(그 팀의 그 문제를 연구하는) / 찾을 것이다 단서를

3. She / would allow / her son (having problem making decision) / to see a doctor.
   그녀는 / 허용할 것이다 / 그녀의 아들이(문제를 가지고 있는 결정을 하는데 있어서) / 의사를 방문하는 것을

4. The heat (reflected from the ground) / couldn't escape (because of the band of CO_2).
   열은 (지면으로부터 반사된) / 빠져나갈 수 없다 (CO_2 띠 때문에)

5. The computer (given to me by the man) / works well.
   컴퓨터는(내게 주어진 그에 의해) / 작동 된다 잘

6. The number (of the people living in this area) / has been falling /since 1997.
   숫자는 (사람의 이 지역에 살고 있는) / 감소해오고 있다 / 1997년 이후로

7. Cars (made in 1998) / are better in speeding / than those (made in 1999).
   차들이(1998년에 만들어진) / 더 낫다 속도를 내는데 있어 /그것들 보다(1999년에 만들어진)

8. The girl (seeing the dog around the man) (having the beard) / has a beautiful mind.
   소녀는(개를 보고 있는 남자 주위의)(턱 수염을 가진) / 가지고있다 아름다운 마음을

9. Something (related with him) / would be found / in a few days.
   무언가가(그와 관련된) / 발견될 것이다 / 며칠 안에

10. The device [designed (to make the people suffering from the disease ease the pain)] / will be successful.
    장치는 [설계된 (사람들이 그 병으로 고통받는 고통을 덜도록 만들어주기 위해)] / 성공적일 것이다

---

(6) 접속사절

> 40 page ▶

1. (When the man showed up in the cafe), all men / saw him [although they had to concentrate on (what they were doing)].
   (그 남자가 카페에 나타났을 때), 모든 사람은 / 보았다 그를 [비록 그들이 집중해야 했지만 (그들이 하고 있던 것에)]

2. [If you understand ① (that you are not alone) and ② (that there is always someone to help you)], you will be happy.
   [만일 네가 이해 한다면 ① (너는 혼자가 아니라는 것을) 그리고 ② (항상 누군가 있다는 것을 너를 도와줄)], 너는 행복할 것이다.

3. (As the sun rose up higher), my heart / was beating faster.
   (해가 높이 솟아오를수록), 내 심장은 / 더 빠르게 뛰고 있었다

4. (Because there are too many troubles in the team), we / can't win many games.
   (팀에 많은 문제가 있기 때문에), 우리는 / 이길 수 없다 많은 게임을

5. (If they can offer more goods to me), I / can sell them all.
   (만일 그들이 더 많은 제품을 내게 공급한다면), 나는 / 팔 수 있다 그것들을 전부

6. The man / said [① (if people knew the rules about the happiness) and ② (if they could practice them), they would be happier].
   그 남자가 / 말했다 [① (만일 사람들이 행복의 법칙에 대해 안다면) 그리고 ② (만일 그들이 그것을 실천할 수 있다면), 그들은 더 행복할 거라고]

7. (As any person in my place / would do it) , I'll treat it the same way.
   (누구라도 내 상황에 있는 / 그것을 하듯이), 나는 그것을 같은 식으로 하겠다

8. You / will get a message after the interview (if you pass the test).
   너는 / 메시지를 받을 것이다 인터뷰 후에 (만일 네가 테스트를 통과한다면)

9. Last night when I lay on my bed I / thought about myself.
   지난 밤 침대에 누워있을 때 나는 / 생각했다 내 자신에 대해

10. [While the people (living today) / spend much time making money to get the things (they need to live a normal life)], only a few people / know (they /should surely do the job for their happiness).
    [사람들이 (오늘날 살아가는) / 많은 시간을 쓰지만 돈을 버는데 물건들을 얻기위해 (그들이 정상적인 삶을 살기 위해 필요한)], 오직 소수의 사람이 /안다(그들은 /그 일을 분명히 해야 한다는 것을 그들의 행복을 위해)

(7) 관계사절

1. The man (we had met) / was the guy (who could make it possible).
   그 사람은 (우리가 만났던) / 남자였다 (그것을 가능하게 할수 있던)

2. We need some books(which were written by Mr. Lee).
   우리는 / 필요하다 책들이 (Mr.Lee 에 의해 쓰여진)

3. The machine (he made) / is very useful (when we solve the math problems).
   기계는 (그가 만든) / 아주 유용하다 (우리가 수학 문제를 풀때)

4. She / was looking for / the place (which her father visited before).
   그녀는 / 찾고 있었다 / 장소를 (그녀의 아버지가 전에 방문했던)

5. The cars (the company made) / are very popular / in the country.
   차들은 (그 회사가 만든) / 아주 인기있다 / 그 나라에서

6. The people (who live here) / are required (to have some food their babies need).
   사람들은 (여기에 살고 있는) / 요구 받는다 (약간의 음식을 갖도록 그들의 아기들이 필요한)

7. Sally / created / many things (people can use in their daily lives).
   Sally는 / 만들었다 / 많은 것들을(사람들이 사용할 수 있는 그들의 일상에서)

8. They / have built / the house (whose windows we made).
   그들은 / 만들어 왔다 / 집을(그것의 창문을 우리가 만든)

9. The election (which was aimed to select the new mayor) / was successful.
   선거는(목표를 둔 새로운 시장을 선출하는 것에) / 성공적이었다

10. The soccer player (who experienced many difficulties in his life) / succeeded / in his field.
    그 축구선수는 (많은 어려움을 겪은 그의 삶에서) / 성공했다 / 그의 분야에서

11. They / suggested / many methods (by which we can get help from the board).
    그들은 / 제안했다 / 많은 방법들을 (그것에 의해 우리가 많은 도움을 위원회로부터 얻을 수 있는)

12. In the nations (where there is racial discrimination) / people / try / to make some rules / to eliminate it.
    나라들에서 (인종차별이 있는) / 사람들은 / 노력한다 / 규칙을 만드는 것을 / 그것을 없애기 위해서

13. So many people / found / the book (which they bought) / interesting [that the web site (where people can buy the book) / became popular].
    아주 많은 사람들이 / 생각했다 / 그 책을(그들이 구매했던) / 재미있다고 [그래서 웹사이트는 (사람들이 그 책을 살 수 있는) / 유명해졌다

14. The reason (why we should support our children's independence) /is to make them genuine person / in our society.
    이유는(우리가 우리 아이들의 독립심을 지지해야하는)/그들을 진정한 사람으로 만드는 것이다/우리 사회속에서

15. They / put much effort / in making the standard (by which we can get equal opportunities).
    그들은 / 많은 노력을 쏟았다 / 기준을 만드는데 (그것에 의해 우리가 동등한 기회를 얻을 수 있는)

(8) 간접의문문절 52 page ▶

1. They / should find out ① (where it first started) and ② (how it could spread through the world).
   그들은 / 알아내야 한다 ① (어디서 그것이 처음 시작했는지) 그리고 ② (어떻게 그것이 세상 속으로 퍼져 나갈 수 있었는지)

2. (Whether or not they could make it) / is not certain.
   (그들이 그것을 해낼 수 있었는지 아닌지는) / 분명치 않다

3. You / will be asked about ① (why you apply for that position) and ② (how you will manage it).
   너는 / 질문을 받을 것이다 ① (왜 네가 그 자리에 지원을 했는지에 대해)그리고 ② (어떻게 네가 그것을 관리해 나갈 것인지에 대해)

4. I / am wondering (how you could find the reason) but the important thing / is (what you will do with it).
   나는 / 궁금하다 (어떻게 네가 그 이유를 찾을 수 있었는지) 그러나 중요한 것은 / (네가 그것을 가지고 무엇을 할 것인지)이다

5. They / chased the man and / asked / him / ① (how he could escape from the jail) and / ② (who helped him to make it).
그들은 / 쫓았다 그 남자를 그리고 / 물었다 / 그에게 / ① (어떻게 그가 감옥에서 탈출 할 수 있었는지) 그리고 / ② (누가 그를 성공하도록 도왔는지)

6. It / can / tell / us / ① (where it happened) and then / ② (how it has changed the world).
그것은 / 말해 줄 수 있다 / 우리에게 / ① (어디서 그것이 발생했는지) 그리고 그런 후 / ② (어떻게 그것이 세상을 변화시켜 왔는지)

7. We / should know / the fact about ① (why he had to make another plan) and ② (when he had started it).
우리는 / 알아야 한다 / 사실을 ① (왜 그가 다른 계획을 세워야 했는지) 그리고 ② (언제 그가 그것을 시작했는지)에 대해

8. Don't ask me ① (why I should continue it) and ② (when I will quit).
묻지 마라 나에게 ① (왜 내가 그것을 계속하는지)그리고 ② (내가 언제 끝낼지)

9. ① (Whether I live my own life) and ② (whether I try my best on my choice) / are most frequently asked questions to myself.
① (내가 내 삶을 살고 있는지)그리고 ② (내가 최선을 다하고 있는지 내 선택에 대해서)는 / 가장 자주 물어지는 질문들이다 내 자신에게

10. Last night I thought about (if I truly loved her) and, if so, (what I could do for her).
지난 밤 나는 생각했다 (내가 진정 그녀를 사랑하는지) 그리고, 만일 그렇다면, (무엇을 내가 그녀를 위해 해줄 수 있는지)에 대해서

Chapter 3 실전 독해연습

55 page ▶

1. (Although usually the patterns / are sold by shops and other distributors),
   (비록 짜여진 양식들이 가게나 다른 공급자들에 의해 팔릴지라도),

   you also / work for yourselves as a hobby.
   너는 또한 작업할 수 있다 네 스스로 취미로서

2. (With a needle and thread), you / can make a design (which features your favorites
   (바늘과 실을 가지고), 너는 / 만들 수 있다 디자인(네가 가장 좋아하는 것들의 모양을 하고 있는

   such as flowers, trees, poems, or blessing phrases).
   꽃, 나무, 시, 혹은 축복어구 같은)

3. (After you / make your own work), you / tend to ① (place this on the wall of your own home) or
   (네가 / 네 자신의 작품을 만든 후에), 너는 / ① 네 자신의 집 벽에 이것을 두거나,

   (sometimes ② give it to somebody as a gift
   때때로 ② 그것을 누군가에게 주는 경향이 있다 선물로

   to celebrate the special moments in your life).
   네 인생의 특별한 순간들을 축하하기 위해

4. A fox (who was running away from hunters) / ① saw a woodcutter and ② asked him to find a hiding place.
   여우는(사냥꾼들로부터 도망치고 있던) ① 나무꾼을 보았고, ② 그에게 요청했다 숨을 곳을 찾아달라고

   The woodcutter / let him hide in his hut.
   나무꾼은 / 그를 숨게 해주었다 그의 오두막에

5. (Some moments later) the hunters / ① arrived and ② asked the woodcutter (if he had seen a fox nearby).
   (잠시후) 사냥꾼들이 ① 도착했고 ② 나무꾼에게 물었다 (그가 근처에서 여우를 보았는지를)

6. [When the woodcutter scolded him for not showing gratitude (for having saved him)],
   [나무꾼이 그를 꾸짖었을 때 감사를 표현하지 않은 것에 대해 (그를 구해준 것에 대한)],

   the fox replied, "I would thank you if your gestures had agreed with your words."
   그 여우가 대답했다, " 나는 네게 고마워했을 거야 만일 너의 말과 행동이 일치했더라면."

7. (If you're caring for someone who is in long-lasting pain), your natural response / may be
   (만일 당신이 오래 지속되는 고통 속에 있는 누군가를 돌보고 있다면), 당신의 자연스런 반응은

   to ① tell him to lie down and then ② do everything for him.
   ① 그에게 누우라고 말하는 것과 그런 후 ② 그를 위해 모든 것을 다 해주는 것일지도 모른다.

8. (According to a recent study in the journal Pain), this / might be doing more harm than good.
   (잡지 Pain 의 최근 연구에 따르면), 이것은 / 좋은 것 보다는 해로운 것을 하는 것일 수 있다.

9. The research / found [that friends and family of the person in pain had better encourage him to keep going on with his life.]
   연구는 / 알아냈다 [고통 속에 있는 사람의 친구들과 가족은 그에게 용기를 주는 것이 낫다는 것을 그의 삶을 지속에 나가라고]

10. Taking a rest / can help a patient ① cure his disease and ② recover his strength soon.
    휴식을 취하는 것은 / 환자를 도와 준다 ① 그의 병을 치료하게 그리고 ② 그의 힘을 곧 회복하게

11. Send us an one-minute video or a color photograph accompanied by a story, (showing why your pet should be named America's Most Amazing Pet).
    우리에게 1분짜리 비디오나 컬러사진을 보내주세요 이야기와 함께 (보여주는 왜 당신의 애완동물이미국에서 가장 놀라운 애완동물로 이름 붙여져야만 하는지를)

12. In most countries (where there are mountains), people / enjoy /the unique appeal (of skiing).
    대부분의 나라들에서(산이 있는) , 사람들은 / 즐긴다 / 독특한 매력을 (스키타는 것의)

13. (In its simplest form), skiing / is sliding down / a snow-covered slope / on a pair of long, slim plates (called skis).

    (그것의 가장 단순한 형태에 있어서), 스키 타는 것은 / 미끄러져 내려오는 것이다 / 눈 덮인 경사를 / 길고 좁은 한 쌍의 판들 위에서 (스키라 불리는)

14. It / is one of the few sports (that enable people to move high speed without any power-producing device.)

    그것은 / 몇 안 되는 스포츠 중에 하나다 (사람들이 높은 속도로 움직이는 것을 가능하게 하는 어떠한 동력 생산 장치 없이)

15. (In its most advanced form), it is a highly skilled sport (in which experts can ① slide down a mountain trail at more than 60 miles an hour, ② soar through the air for several hundred feet, or ③ make quick turns through an obstacle course.)

    (가장 발전된 형태에 있어), 그것은 아주 기술적인 스포츠이다 (그 안에서 전문가들은 ① 산길을 미끄러져 내려올 수 있거나 시간당 60마일이 넘는 속도로 , ② 창공을 향해 솟아오를 수 있거나 몇 백 피트의 높이로 , ③ 빠른 턴을 할 수 있다 장애물 코스를 통과하며)

16. (Calculating the number of people in large countries) / is not an easy job.

    (큰 나라들의 사람의 수를 계산하는 것은) / 쉬운 일이 아니다.

17. The official census, (taken in 2000), / was conducted by telephone and through interviews.

    공식 인구조사는, (2000년에 행해진), / 수행되었다 전화에 의해 그리고 인터뷰를 통해

18. Since then, the Census Bureau / has used / the population clock / to predict growth.

    그 때 이후로, 인구조사국은 / 사용해오고 있다 / 인구 시계를 / 성장을 예측하기 위해

19. (Not long ago) I / saw / a Shoe comic strip by Jeff MacNelly (that showed Shoe standing on the mound in a baseball game).

    (얼마전), 나는 / 보았다 / Jeff MacNelly의 신발 만화를 (신발을 보여주는 야구경기의 마운드 위에 서 있는)

20. That kind of trouble / could lead to / many problems (in their lives).
그러한 종류의 문제는 / 야기할 수 있다 / 많은 어려움들을 (그들의 삶에서)

In other words, the lack (of faith in themselves) / usually gets / people / to face difficulties (in their lives).

즉, 부족은(그들 자신에 있어서의 믿음의) / 보통 만들다 / 사람들을 / 어려움에 직면하도록(그들의 삶에서)

21. (Sometimes when dogs bite people), it's not ① because they're trying to hurt them but ② because they're scared or confused.

(때때로 개들이 사람을 물을 때), 그것은 ① 그들이 사람들을 헤치려하려하기 때문이 아니라, ② 그들이 겁먹었거나 혼란스럽기 때문이다

22. So [when 10-year-old Amanda Kutcher / learned (that dogs biting people / could be killed)], she / rushed into action. "I felt sorry for the dogs."

그래서 [10살난 Amanda Kutcher가 / 알았을 때(개들이 사람을 무는 / 죽임을 당할 수 있다)는 것을], 그녀는 / 서둘러 행동에 들어갔다. "난 개들이 불쌍해."

23. Amanda / teaches / kids / safety tips, such as [never to approach a dog (with its tail between its legs)]. That's a sign [that the dog / is scared and might bite].

Amanda 는 / 가르친다 / 아이들에게 / 안전수칙을 , 다가서지 말 것 개에게 (다리사이에 꼬리를 넣고 있는)과 같은]. 그것은 / 표시이다 [그 개가 / 겁먹었고 물지도 모른다는]

24. Every day, a man / would sit in front of me (whom I / came to see as a model of the "Become the CEO of Your Life" principle).

매일, 한 남자가 / 앉아 있곤 했다 내 앞에(내가 /보게 된 "네 삶에 CEO가 되어라 법칙"의 모델로서)

25. From the moment (he sat down) / until the moment (we arrived at the station), he / would do / arm stretches, and a series of exercises / to improve his health.

순간(그가 앉은)부터 / 순간(우리가 역에 도착했던)까지, 그는 / 하곤 했다/ 팔 뻗기와 일련의 운동을 / 그의 건강을 증진시키기 위해

26. Rather than joining the people [who complain (they don't have enough time to work out), he ① took matters into his own hands and ② made use of the opportunity.
함께 하기보다는 사람들과 [불평하는 (그들이 충분한 시간이 없다고 운동을 할)], 그는 ① 문제를 스스로 해결했고 ② 기회를 이용했다.

27. Much (of the behavior of animals) / is instinctive and learning / plays only a small role in determining their actions.
많은 것은(동물들의 행동 중에서) / 본능적이다 그리고 학습은 / 단지 작은 역할만 한다 / 그들의 행동을 결정하는 데 있어

28. In essence, humans / have / the same biological needs (as any other mammal).
기본적으로, 사람은 / 가지고 있다 / 동일한 생물학적 욕구를 (다른 포유동물처럼)

However, our actions / are a product (of very complex learning processes).
그러나, 우리의 행동은 / 산물이다 (아주 복잡한 학습과정들의)

29. (If human actions / were governed by instinct), there would be little hope (for the success of programs aimed at changing human behavior patterns.)
(만일 사람의 행동이 / 지배 받는다면 본능에 의해), 거의 없을 것이다 희망이 (프로그램들의 성공에 대한 사람의 행동 양식을 바꾸는 데 목표를 둔) .

30. Many students / were waiting all the way down the stairs, (since our school cafeteria was in the basement).
많은 학생들이 / 기다리고 있었다 계단 아래로 쭉 , (우리 학교식당이 지하에 있었기 때문에)

31. Suddenly, I / tumbled down the stairs, and everyone / was staring at me!
갑자기, 나는 / 굴러 떨어졌고 계단 아래로, 모두들 / 보고 있었다 나를!

My hands and knees / were all scrapped up. My boyfriend / must have seen / me / fall.
내 손과 무릎은 / 전부 까졌다. 내 남자친구는 / 보았음에 틀림없다 / 내가 / 넘어지는 것을

32. Stretching / is a natural way to keep your muscles and joints flexible.
스트레칭은/ 자연스런 방법이다 너의 근육과 관절을 유연하게 유지하는

33. (Stretching your muscles) / ① increases the length of your muscle fibers, / ② increases the mobility and strength of your joints and spine, and / ③ increases blood flow and oxygen to your internal organs and tissues, (which in turn increases your energy level).
(너의 근육을 스트레칭하는 것은) / ① 증가시켜주고 길이를 네 근섬유의 , / ② 증가시켜주며 운동성과 힘을 네 관절과 척추의 , / ③ 증가시켜준다 혈류와 산소를 네 내부 장기와 조직으로 가는, (그리고 그것은 차례로 네 에너지 수위를 높여준다).

34. (What this means in real life) / is [that (if you maintain flexibility) you'll be able to perform / everyday activities (without straining tight muscles)].
(이것이 실제 삶에서 의미하는 것은)/ [(네가 유연성을 유지할 수 있다면, 너는 수행할 수 있다는 것이다 / 매일의 활동을 (빽빽한 근육을 혹사시키지 않고)]

35. [If you do not ① stay active and ② include / a few simple stretches in your everyday routine], you'll ① be more stiff and ② probably suffer / from "my aching back" / a little more often.
[만일 네가 ① 활동적인 것을 유지하지 않고 ② 포함시키지 않으면 / 몇 가지의 간단한 스트레칭을 네 매일의 일상에], 너는 ① 더 뻣뻣해질 것이고 ② 아마도 고통 받을 것이다 / "내 아픈 등"으로부터 / 조금 더 자주

36. Hospice, a special concept of care, / is designed / to provide comfort and support / to patients and their families (when a life-limiting illness / no longer responds / to treatments.)
호스피스는, 보살핌의 특별한 개념인, / 만들어 졌다 / 편안함과 지원을 제공하기 위해 / 환자와 그들의 가족들에게 (시한부 병이 / 더 이상 반응하지 않을 때 / 치료에)

37. (In order to perform this service well), it / is provided / by a group (of specially trained professionals or volunteers).
(이 서비스를 잘 수행하기 위해), 그것은 / 제공된다 /그룹에 의해 (특별하게 훈련받은 전문가나 자원봉사자들의)

38. They / deal with / the emotional, social and spiritual impact of the disease (on the patient and the patient's family and friends).
그들은 / 다룬다 / 정서적, 사회적, 영적인 병의 영향을 (환자와 환자의 가족 그리고 친구에게 미치는)

39. (When you are trying to explain / something complex), it / may be necessary / to use a board.
(당신이 설명하고자 할 때 / 복잡한 무언가를), 필요할지도 모른다 / 칠판을 사용하는 것이 .

40. Positive thinkers / are like athletes (who, through practice, build inner energy) (that they use in competition).
긍정적으로 사고하는 사람들은/ 운동선수들과 같다(연습을 통해, 내부의 에너지를 쌓는)(그들이 경기에 사용하는)

41. Similarly, positive thinkers / build / a positive attitude (by feeding their mind) (on the pure, the powerful and the positive) every day.
이와 같이, 긍정적으로 생각하는 사람들은 / 쌓는다 / 긍정적인 자세를(그들의 마음에 먹임으로써) / (순결하고, 강하고, 긍정적인 것들을) 매일

42. They / realize (that we are all going to be faced with the negative and if we have a positive attitude we will be able to overcome); otherwise the negative will defeat us.
그들은 / 깨닫는다(우리는 모두 부정적인 것을 마주하게 될 것이고 만일 우리가 긍정적인 태도를 가지고 있다면 우리는 극복 할수 있을 거라는 것을); 그렇지 않으면 부정적인 것이 우리를 이길 것이다.

43. Iceboat racing / is generally like regular yachting [in ① that it uses a particular path and ② that you pass a boat (ahead of yours)].

아이스 보트 경주는 / 일반적으로 보통의 요트타기와 같다 [① 그것이 특정한 항로를 사용한다는 점에서 그리고 ② 당신이 지나간다는 점에서 배를 (당신의 것 앞의)]

44. (In most social contexts), women / have / more various ways of communication / than men.
(대부분의 사회 환경 속에서), 여성들은 / 가지고 있다 / 더 다양한 의사소통의 방법들을 / 남자들 보다

45. That is (why the female brain / operates / quite a bit differently /from the male brain.)
그것이 (여성의 뇌가 / 작동하는 이유이다 / 꽤나 다르게 / 남성의 뇌와는)

46. Researchers / have proved [that all brains / are female (until about sixty days) (after pregnancy)].
연구원들은 / 증명해왔다 [모든 뇌는 / 여성의 뇌라고 (약 60일 까지) (임신 후에)]

47. Richard / was on his way to the office / to talk about his business schedule / with his boss.
Richard는 / 사무실로 가는 길이었다 / 그의 사업 일정을 이야기하기 위해 / 그의 사장과

48. All of a sudden, he / heard two explosions from the side of the road. Gunshots! He / ① bent his head down and / ② floored the accelerator, but / ③ felt a sudden heavy weight on his right shoulder.
갑자기, 그는 / 들었다. 두발의 폭발음을 길의 가장자리로부터 총소리다! 그는 / ① 숙였다 그의 머리를 그리고 / ② 밟았다 가속페달을, 하지만 / ③ 느꼈다 갑작스런 묵직한 무게를 그의 오른쪽 어깨에

49. After a day (of stress and pressure at the office), most of us / arrive home / tired and exhausted.
일과 후에 (사무실에서의 스트레스와 압박 속의), 우리들 중 대부분은 / 집에 도착 한다 / 피곤하고 탈진한 채

50. Like gladiators (who have just completed the battle of their lives), we / ① wearily walk to our arm chair and ② order / family members / to leave us alone (until we regain our calmness).
검투사들처럼 (방금 끝내친 그들의 삶속의 전투를), 우리는 / ① 힘없이 우리의 안락의자로 걸어가고 ② 주문 한다 / 가족들에게 / 우리를 혼자 내버려 두라고(우리가 우리의 안정을 되찾을 때 까지)

51. (Taking 10 minutes to relax) (before you enter your home) / will help / you / avoid (making this sorry scenario). Then, you'll be the person (your family wants you to be) (when you greet them).
(10분을 갖는 것은 안정하기 위해) (네가 집에 들어가기 전에)/ 도와줄 것이다/너를 /피하도록(이러한 슬픈 이야기를 만드는 것을). 그러면, 너는 사람이 될 것이다 (네 가족이 너에게 되길 바라는) (네가 그들에게 인사할 때)

52. (Forgiving someone who has wronged you) / is actually a selfish act (rather than a selfless one).
(누군가를 용서하는 것은 네게 잘못했던) / 실제로는 이기적인 행동이다 (이타적인 것이라기 보다는)

53. (Letting go of the hatred that you may have allowed to bottle up inside you) / is actually something (you do for yourself) (rather than for the benefit of the other person).
(증오를 보내주는 것은 네가 네 안에 쌓이도록 허락했을지도 모르는) / 사실 어떤 것이다 (네가 너 자신을 위해하는) (다른 사람이 이익을 위해서라기 보다)

54. (When you hate someone), it / is almost as if you carry that person around on your back with you.
(네가 누군가를 미워할 때), 그것은 / 마치 네가 그 사람을 너의 등에 함께 데리고 다니는 것과 같다.

55. It's amazing [that such a small, simple skill like giving away compliments /can change /the way (you view yourself and the world around you).]
놀랍다 [그렇게 작고, 간단한 기술이 칭찬을 하는 것과 같은 / 바꿀 수 있다는 것이 / 방식을 (네가 네자신과 네 주위의 세상을 바라보는)]

56. In short, the games (people play) / are ① not simply a matter of choice ② but also reflect financial ability
즉, 게임들은(사람들이 하는) / ① 단지 선택의 문제일 뿐 아니라 ② 또한 재정적 능력을 반영하기도 한다.

57. Your thought processes shifts / from (looking for the worst in people) / to (looking for the best).
너의 생각과정은 / 변한다 / (사람의 가장 안 좋은 것을 찾는 것) 으로부터 / (가장좋은 것을 찾는 것)으로

58. (While students learn a lot of good skills and knowledge for their future in high school and college),
(학생들이 많은 좋은 기술과 지식을 배우기는 하지만 미래를 위해 고등학교와 대학교에서),

parents / also should teach children / the characteristics (that make for success in the real world) (such as diligence, a cooperative attitude, creativity, optimism, and honesty).
부모들도 / 또한 가르쳐야한다 / 아이들에게 / 특징들을(진짜 세상에서의 성공을 보완하는) (근면, 협동적 태도, 창의력, 그리고 정직과 같은)

59. (Before sending them into the world), make / your kids / ready (to handle the tasks of life and social obstacles) (with strategy and character).
(그들을 세상으로 보내기 전에), 만들어라 / 너의 아이들을 / 준비가 되도록 (삶의 일과 사회의 장애물들을 다룰) (전략과 품성을 가지고)

60. Even reduced fees, however, / will discourage / the poor people / from (having that kind of participatory and active education in museums).
감소된 요금조차, 그러나, / 막을 것이다 / 가난한 사람들을 / (그러한 종류의 참여와 능동적인 박물관에서의 경험을 갖는 것)으로부터

61. Those (who cannot afford reduced fees for entering museums) / cannot get / other educational experiences like movies or plays as well.
사람들은 (지급할 수 없는 / 박물관 입장을 위한 감소된 요금을) / 받을 수 없다 / 다른 교육적 경험들을 영화나 연극 같은 것 또한

62. Think / of a time [(when you were nervous about trying to do something new) and (it was difficult as well, but in the end, you succeeded)].
생각해 보아라 / 시기에 대해 [(네가 새로운 것을 시도 하는 데에 초조 했고), (또한 어려웠지만, 결국에는 성공했던)]

63. Perhaps the biggest difference / is [that parents in the past didn't worry so much (whether we were happy)]; they worried (whether they were happy).
아마도 가장 큰 차이점은 / [과거의 부모들은 많이 걱정하지 않았다는 것이다 (우리가 행복한지 아닌지)] 그들은 걱정했다 (그들이 행복한지 아닌지)

64. The way (of losing weight) / has nothing to do with jogging or starving yourself.
방법은 (몸무게를 줄이는 것의) / 관련이 없다 조깅이나 네 자신을 굶기는 것과

65. This / is true (because your body / needs / certain foods / at certain intervals / each day).
이것은 / 사실이다 (너의 몸은 / 필요로 하기 때문에 / 특정한 음식을 / 특정한 때에 / 매일)

66. (If you / do not eat / the right foods / at the right times), your body / will store those calories / as fat.
(만일 네가 / 먹지 않으면 / 적절한 음식을 / 적절한 때에), 네 몸은 / 저장할 것이다 / 그 칼로리를 / 지방으로

67. They / may make / extra large heads and small bodies or huge hands and feet / to draw special attention to them.
그들은 / 아마도 만들 것이다 / 특이하게 큰 머리와 작은 몸 혹은 거대한 손을 / 특별한 관심을 그들에게 끌어오기 위해

68. (When the ships first left England in search of the New World without any maps), they / always made sure [they / had / cages (full of crows) on board.]
(배가 처음 영국을 떠날 때 새로운 세상을 찾아 어떤 지도도 없이), 그들은 항상 / 확실히 했다 [그들이 / 가진 것을 / 새장들을 (까마귀로 가득 찬) 배위에]

69. An amazing new invention / helps / overweight children. It also / reduces / the hours of television (they watch everyday).
놀라운 새 발명은 / 도와준다 / 과체중 어린이들을. 그것은 또한 / 줄여준다 / TV시간을 (그들이 매일 보는)

70. It / ① measures / the number of steps (the child takes during the day) and ② sends / this information / to the family computer.
그것은 / ① 측정한다 / 걸음의 숫자를 (어린이가 하루 동안에 걷는) 그리고 ② 보낸다 / 이 정보를 / 가족 컴퓨터로

71. They / believed (that old days were better than the present), for the badness of the past / was little known, (while present badness / was to be seen on every side).
그들은 / 믿었다 (지난날은 현재보다 낫다고), 왜냐하면 과거의 나쁜 것은 / 거의 알려지지 않기 때문에, (현재의 나쁜 것은 / 모든 면에서 보여지기 마련인 반면)

72. Thus perfection / was to be found / in the achievement of past times, and men / wanted / to write as good books or lead as holy lives (as the great people of old).
따라서 완벽은 / 찾아지게 되어있었다 / 과거의 성취 속에서, 그리고 사람들은 / 원했다 / 좋은 책들을 쓰거나 신성한 삶을 이끄는 것을 (과거의 위대한 사람 만큼)

73. Halfway around the world, an American couple (traveling by car in Australia) / was stopped / by a policeman in Sydney / for failing to signal before turning.
세계의 반을돌아(먼 거리를이동하여), 미국인 커플(차로 호주를 여행하는)은 / 세워졌다 / 시드니의 한 경찰에 의해 / 신호보내는 것을 실패한 것 때문에 돌기(좌/우회전) 전에

74. Relieved, the American man / responded with a smile and the thumbsup sign.
    안도하면서, 미국인 남성은 / 응답했다 미소와 엄지를 드는 표시와 함께

75. The police / sent / a text message / back to them [saying (that a rescue helicopter was looking for them)].
    경찰은 / 보냈다 / 문자 메시지를 / 다시 그들에게 [말하는 (구조헬기가 그들을 찾고있다고)]

76. However, I / think [that (what makes math difficult)/ is the power (that the term mathematics has upon people's minds)].
    그러나, 나는 / 생각한다 [(수학을 어렵게 만드는 것은) / 힘이라고 (수학이라는 용어가 사람들에 마음에 가지는)]

77. After a while, the farmer / became tired (of being awakened) (in the middle of the night) (by the cock's sounds).
    얼마 후, 그 농부는 / 짜증이 났다 (깨어나게 되는 것에 대해) (한 밤중에) (수탉의 소리에 의해)

78. (Instead of planning to cover a certain number of miles), ① learn / to live in the moment and / ② enjoy / the journey.
    (계획을 세우는 대신에 몇 마일을 관리하려는), ① 배워라 / 순간을 사는 법을 그리고 / ② 즐겨라 / 여행을

79. But nothing on earth / can compare / to (experiencing the pleasure) (of discovering the world around you).
    그러나 아무것도 / 비교될 수 없다 / (기쁨을 경험하는 것)에 (네 주위의 세상을 발견하는 것의)

80. Each country / has / unique daily routine, and each member / has to follow / it.
    각 나라는 / 가지고 있다 / 독특한 일상을, 그리고 각 구성원은 / 따라야 한다 / 그것을

81. (Even if you do not like to sleep) , you / ① have to follow it and ② be at home.
    (만일 네가 자고 싶지 않더라도), 너는 / ① 그것을 따라야만 한다 그리고 ② 집에 있어야한다

82. (If you are a foreign businessman), you / can not request / your staff / to work at this time.
    (만일 네가 외국인 사업가라면), 너는 / 요청할 수 없다 / 너의 직원에게 / 이 시간에 일하라고

83. (When we gave away TVs), I / wondered / (how we /could fill up / all that space of silence) (that was filled with voices from them).

(우리가 TV를 치울 때), 나는 / 궁금했다 / (어떻게 우리가 / 채울 수 있을지/ 그 모든 침묵의 공간을) (그것으로부터 나오는 목소리로 가득 찼던)

84. (After breakfast) the visitors at the hotel / ① walk slowly out on (to the sunny grass) and ② let themselves down into rocking chairs.

(아침 식사 후에) 호텔의 방문객들은 / ① 천천히 걸어 나오고 (햇빛비치는 잔디밭으로) ② 그들 스스로를 내려 놓는다(흔들의자들에)

85. (① To draw tobaccosmoke into their mouths and ② blow it out again) / seems to be the only effort (they make for the day).

(① 담배연기를 그들의 입으로 빨아들이는 것과 ② 다시 그것을 내뿜는 것은) / 유일한 노력처럼 보인다 (그들이 하루 동안에 하는)

86. There is no reason (why any of them should move till lunchtime) except to pat the black dog (that goes around).

이유가 없다 (그들 중 누구라도 점심시간까지 움직여야하는) 검은 개를 쓰다듬는 것을 제외하곤 (주위를 돌아다니는)

87. Statistics / can help / us / learn more about ① people and places and ② (what is happening in the world around us.)

통계는 / 도와준줄 수 있다/ 우리가 / 더 배우도록 ① 사람과 장소에 대해 그리고 ② (일어나는 것에 대해 우리 주위의 세상에서)

88. We / can also use / statistics / to help / us / make decisions (about the things) (we do).

우리는 / 또한 사용할 수 있다 / 통계학을 / 돕기위해 / 우리를 / 결정을 내리도록 / (일들에 대해) (우리가하는)

89. There are many ways (in which we / can use statistics / to help us every day).

많은 방법들이 있다 (그 안에서 우리가 / 통계학을 사용하는 / 우리를 돕기위해 매일)

90. On September 1, 1914, a twentynine-year-old bird (named Martha), the last known passenger pigeon, / died (in the Cincinnati Zoo).
1914년 9월 1일, 29살 먹은 새는 (Martha 라고 불리우는),마지막 알려진 나그네 비둘기인, / 죽었다(Cincinnati 동물원에서)

91. Yet in the nineteenth century, there were so many passenger pigeons in America / that no attempt was made / to protect them.
그러나 19세기에, 아주 많은 나그네 비둘기가 미국에 있었다 / 그래서 어떠한 시도도 만들어지지 않았다 / 그들을 보호하기 위해서

92. In addition, passenger pigeons / were finding / it harder and harder / to find the wide areas of land (they needed to raise their young).

게다가, 나그네 비둘기들은 / 알고 있었다 / 점점 힘들다고 / 넓은 영역의 땅을 찾는 것을 (그들이 새끼를 키우는데 필요한)

93. (By the beginning of the twentieth century), Martha / was all (that was left from the huge flocks), and with her death, the birds / became extinct.
(20세기의 시작 즈음에), Martha는 / 전부였다 (거대한 무리로부터 남겨진), 그리고 그녀의 죽음과 함께, 그 새들은 / 멸종되었다

94. Most animals / prefer / smaller rewards right now, / rather than greater ones in the future.
대부분의 동물은 / 선호 한다 / 더 작은 보상을 지금당장의, / 더 큰 것 보다 미래의

95. Mother / expected / me / to cry (when Champ / was killed / by accident).
어머니는 / 기대했다 / 나에게 / 울기를 (Champ 가 / 죽임을 당했을 때 / 사고에의해)

96. But it / may be because, more than anything else, Champ's death / made / me / think seriously / about something (that I had never really thought about before).

하지만 그것은 / 아마, 다른 무엇보다도, Champ의 죽음이 만들었기 때문일 지도 모른다 / 나에게 / 진지하게 생각하도록 / 어떤 것에 대해서(내가 전에는 생각해 보지 못했던)

97. At that time, I / had never even known / a person (who had died.)
그 당시에, 나는 / 전혀 몰랐다 / 사람을 (죽은)

98. Some people / do not believe / politicians (who are rich or well educated). They / think [these politicians / will not be able to understand / the problems (of the average working person)].
어떤 사람들은 / 믿지 않는다 / 정치인들을 (부유하거나 잘 교육받은). 그들은 / 생각한다 [이 정치인들은 / 이해할 수 없을 거라고 / 문제들을 (일반 노동자의)]

99. Also, they / pose / for photographers ① (wearing working clothes) or ② (buying a hot dog from a snack bar).
또한, 그들은 / 자세를 취한다 / 사진사를 위해 ① (작업복을 입고서) 혹은 ② (핫도그를 사면서 스낵바에서)

100. Whether large or small, simple or complex, no creature / lives alone.
크든 작든, 단순하든 복잡하든, 어떠한 생명체도 / 살수 없다 혼자서

101. Each / depends (in some way) (upon other living and nonliving things) (in its surroundings).
각각은 / 의존한다 (어떤 방식으로) (다른 생물과 무생물에) (그 환경에 있는)

102. Animals' wastes and the parts of dead animals / provide / many of the nutrients (plants need).
동물의 분비물과 죽은 동물들의 일부들은 / 제공한다 / 영양분의 많은 것을 (식물들이 필요한)

103. (If the plants in its environment / were destroyed), the moose / would have to move to another area or starve to death.
(만일 식물들이 그것의 환경에 있는 / 파괴된다면), 사슴은 / 다른 지역으로 이주해야 하거나 굶어죽을 것이다.

104. In turn, plants / depend (upon such animals as moose) (for the nutrients) (they need to live).
차례로, 식물은 / 의존한다 (사슴과 같은 동물에) (영양분 때문에) (그들이 살기위해 필요한)

105. The store / lets / its guests / use a tiny, gray plastic stick / to pay for meals, (instead of cash).
그 가게는 / 놔둔다 / 그 손님들에게 / 사용하도록 작고, 회색의 플라스틱 막대를 / 음식값을 지불하는데, (현금대신에)

106. The same technology / is more and more used / (to let drivers go through toll gates).
똑같은 기술은 / 점점더 사용된다 / (운전자들이 톨게이트를 지나가게 하는 데에)

107. A device (called EZPass) / has collected / more than 6 million users (in and around New York City).
장치는(E-ZPass라 불리는) / 모아왔다 / 6백만이 넘는 사용자들을 (New York City의 안과 그 주변에서)

108. He / often tells / his students [that (while he loves teaching), a part of him / would love to be a builder].
그는 / 종종 말한다 / 그의 학생들에게 [(그가 가르치는 것을 좋아하지만), 그의 일부는 / 건축가이고 싶어한다고]

109. Robert / tells / his students [that (when they do their homework or housework), they / need to learn from (how builders do their work)].
Robert는 / 말한다 / 그의 학생들에게 [(그들이 그들의 숙제나 집안일을 할 때), 그들은 / 배울 필요가 있다고 (어떻게 건축가들이 그들의 일을 하는지)로부터

110. The walls / are made by ① (stacking old tires) and ② (putting cardboard between the tires).
벽은 / 만들어졌다 ① (오래된 타이어를 쌓음으로써) 그리고 ② (두꺼운 판자를 타이어 사이에 넣음으로써)

111. Earthships / not only help / us / recycle waste, but they / help save / natural resources (in the long run).
Earthships 는 / 도울 뿐 아니라 / 우리를 / 쓰레기를 재활용하도록 , 또한 그것들은 / 아끼는데 도움을 준다 / 천연자원을(장기적으로)

112. The Board of Education / is considering / (breaking up the Springfield High School football team).
교육위원회는 / 고려하고 있다 / (Springfield High School 축구팀을 해체하는 것을)

113. Year after year, the football players / behave terribly and every year they / are criticized (for their rude conduct).
매년, 축구선수들은 / 나쁘게 행동한다 그리고 매년 그들은 / 비판 받는다 (그들의 무례한 행위 때문에)

114. (In the back seat of the car) (next to mine) were / two sweet little boys.
(차의 뒷 자석에) (내 것 옆의) 있었다 / 두 명의 귀여운 작은 소년들이

115. Like most parents, you / might have spent / money on a toy (that your child didn't play with very much).
대부분의 부모처럼, 너는 / 써왔을 지도 모른다 / 돈을 장난감에 (너의 아이가 아주 많이 가지고 놀지 않는)

116. You / might have found / your child (playing more with the box than the toy) (that came in it).
너는 / 아마 발견했을지도 모른다 / 너의 아이를 (상자와 더 놀고 있는 장난감보다) (그 안에서 나온)

117. (Buying / a set of table blocks, cube blocks, or cardboard blocks) / is a very good investment in your child's play.
(사는 것은 / 테이블 블록, 큐브블록, 혹은 카드보드 블록 세트를) / 아주 좋은 투자이다 / 네 아이의 놀이에

118. Young children / develop / math skills (by counting, matching, sorting, grouping, and adding blocks while they play).
어린아이들은 / 발전시킨다 / 수학능력을 (블록을 세고, 짝짓고, 분류하고, 묶고, 추가하면서 그들이 노는 동안에)

119. First of all, his supposed activities / would break / all the rules of physics — how could anyone / fly around the world in just one night visiting every child?
우선, 그의 예정된 행동은 / 깰 것이다 / 모든 물리학 법칙을- 어떻게 누구라도 / 날아다니겠는가 세계를 단 하룻밤 안에 모든 아이를 방문하면서?

120. Secondly, (if Santa existed), don't you think (that someone / would have seen / him / delivering the presents, at least once?)
둘 째, (만일 산타가 존재한다면), 너는 생각하지 않나? (누군가 / 보았을 것이라고 / 그가 / 선물을 배달하는 것을 , 적어도 한번은?)

121. Many (of the businesses today) / are started / by people (who have lost their jobs).
많은 것들은(오늘날 사업의) / 시작되었다 / 사람들에 의해 (그들의 직업을 잃은)

122. The first thing (they must do) / is to find out (what they are really good at).
첫 번째 것은(그들이 해야만 하는) / 알아내는 것이다 (그들이 정말로 잘할 수 있는 것을)

123. (In order to succeed in business), they / need ① to know (about themselves) first, and then / ② ask / themselves / "What am I good at?" (every time they want to do something new).
(사업에서 성공하기 위해), 그들은 / ① 알 필요가 있다 (그들 자신에 대해)먼저, 그리고 그런 후 / ② 물을 필요가 있다 / 그들 자신에게 / "내가 무엇을 잘하지?"(그들이 새로운 무언가를 하고 싶을 때마다)

124. (What it does mean) / is (that it / is best / to go with the skills and experience) (that you already have).
(그것이 진정 의미하는 것은) / (최고라는 것이다 / 기술들과 경험과 함께 가는 것이) (네가 이미 가지고있는)

125. We / often think [pale skin is no longer desirable in summer season].
우리는 / 종종 생각한다 [하얀피부는 더 이상 멋지지 않다고 여름에].

126. The desire(for a quick suntan) / has led to the invention (of sprays and lotions) (that darken the skin without lying under the sun).
욕구는(빠른 선텐에 대한) / 야기해왔다 발명을 (스프레이와 로션의)(피부를 어둡게하는 태양아래 누워있지 않고)

127. We / can ① use / those products (at home) (lying down on a sofa) and ② get (what looks like the same suntan) (just for a few dollars).
우리는 / ① 이용할 수 있다 / 그 제품들을 (집에서) (소파에 누워서) 그리고 ② 얻을 수 있다 (진짜 선텐처럼 보이는 것을) (단지 몇 달러에)

128. "The temperature / is expected / to rise quickly in a short time today, so be careful (if you are ① driving or ② quarreling with your spouse)."
"온도는 / 예상됩니다 / 빠르게 올라갈 것으로 짧은 시간 안에 오늘, 그러니 조심하세요 (만일 당신이 ① 운전하고 있거나 ② 말다툼하고 있다면 당신의 배우자와)"

129. The weather forecaster / warned / people [that a temperature rise (of about 5 degrees Celsius in an hour) / can have / a bad effect / on people's minds].
기상 캐스터는 / 경고했다 사람들에게 [온도상승은 (약 시간당 섭씨 5도의) / 가질 수 있다고 / 나쁜 영향을 / 사람들의 마음에]

130. The idea (of relating the weather to people's change of mood in a formal weather report) / raised / a sensation.
생각은(날씨를 사람들의 기분변화와 연관시키는 것의 공식적인 날씨보도에서) / 불러일으켰다 / 센세이션을

131. For example, they / often want / to stay out later than (they are supposed to).
예를 들어, 그들은 / 종종 원한다 / 밖에 더 늦게까지 나가있기를 (그들이 하기로 되어있는것)보다

132. Some parents / are afraid [that they / might be ① too strict and ② unkind / to their children), and they / may bend /their rules.
어떤 부모들은 / 두려워 한다 [그들이 / ① 너무 엄격하거나 ② 무정할까봐 / 그들의 아이들에게), 그래서 그들은 / 굽힐지도 모른다 / 그들의 규칙을

133. [If children /are to be brought up properly], however, their parents /must be careful not to be too generous towards them.
[만일 아이들이 / 올바르게 길러져야한다면), 그러나, 그들의 부모들은 / 신경써야만 한다 너무 관대하지 않도록 그들에게]

134. (Between sunrise and sunset), cars, buses, and trucks / are a constant source of noise (in the streets).
(일출과 일몰사이에), 차, 버스, 그리고 트럭은 / 지속적인 소음의 원천이다 (거리에서)

135. It / seems (that the comforting effects of silence / cannot be found anywhere).
(위안을 주는 고요함의 효과는 / 어디에서도 찾아볼 수 없는 것으로) 보인다

136. Print news organizations, especially newspapers, / are seeing / ① their profits / drop and / ② the number of their readers / decrease.
인쇄 뉴스조직, 특히 신문들은, / 보고있다 / ① 그들의 이윤이 / 줄어드는 것 그리고 / ② 그들의 독자의 숫자가 / 감소하는 것을

137. Questions / lead / you / to examine an issue (that otherwise might go unexamined).
질문들은 / 이끌어준다 / 너를 / 살펴보도록 한 문제를 (그렇지 않았으면 검토되지 않은 채 가버렸을)

138. Teachers / love / questions (because they / show your interest and curiosity).
선생님들은 / 사랑 한다 / 질문들을 (그것들이 / 보여주기 때문에 / 너의 관심과 호기심을)

139. (When it comes to shoes), some women / care more about (how shoes make them look) than (how they make their body feel).
(신발에 있어서는), 어떤 여성들은 / 더 신경쓴다 (어떻게 신발이 그들을 보이게 만들지)에 대해 (어떻게 그것들이 그들의 몸이 느끼게 만들지)에 대한 것 보다

140. In fact, <u>42 percent of women</u> / say (they / would wear / uncomfortable high shoes <u>in order to look more stylish</u>).
사실, <u>여성의 42%</u>는 / 말한다(그들은 / 신겠다고/ 불편한 높은 신발을 <u>더 맵시있어 보이기 위해</u>)

141. They / think [high heels / not only make / them / look taller, / but also make / them / look slimmer and more attractive].
그들은 /생각한다 [하이힐은 / 만들 뿐 아니라 / 그들을 / 더 커보이게 , / 또한 만든다고 / 그들을 / 더 날씬하고 더 매력적으로 보이도록]

142. (Wearing high heels) / can cause / blisters and hammer–toes, (which can be painful and ugly).
(하이힐을 신는 것은) / 유발할 수 있다 / 물집과 해머토를(망치모양의 발가락) , (그리고 그것은 고통스럽고 추할 수 있다)

143. In the 1930s, she / published / <u>her first two books,</u> but / earned <u>neither much criticism nor popularity.</u>
1930년대에, 그녀는 / 출판했다 / <u>그녀의 두 권의 첫 책들을,</u> 그러나 / 얻지 못했다 <u>많은 비평이나 인기를</u>

144. Anyone (who is serious <u>about working out at a gym</u>) / will say [that they / always carry / a water bottle / in their gym bag].
누구라도(진지하게 생각하는 <u>체육관에서 운동하는 것에 대해</u>) / 말할 것이다[그들은 / 항상 가지고 다닌다고 / 물병을 / 그들의 체육관 가방 속에]

145. (According to recent research), though, (drinking too much water) / is as bad as (drinking too little).
(최근의 연구에 따르면), 그러나, (물을 너무 많이 마시는 것은) / 나쁘다 (너무 조금 마시는 것)만큼이나

146. The researchers / are encouraging / anybody (who jogs, cycles, or power walks) / to limit the amount of water (they drink while exercising).
연구원들은 / 격려한다 / 어느 누구에게라도(조깅을 하거나, 사이클을 타거나, 파워 워킹을 하는) / 제한 하라고 물의 양을 (그들이 마시는 운동하는 동안)

147. They / say [that (drinking water at every opportunity) / can cause / health problems (such as dizziness)].
그들은 / 말한다 [(기회가 있을 때마다 물을 마시는 것은) / 유발할 수 있다고 / 건강문제를 (어지러움과 같은)]

148. You / should know / your body well enough to know (how much is too much).
너는 / 알아야 한다 / 너의 몸을 알만큼 충분히 (얼마만큼이 너무 많은 것인지)

149. George Meany, a labor union leader, / once said [that economics / is the only profession (in which you can rise to fame without ever being right about your prediction)].
George Meany는, 노동조합장인, / 예전에 말했다 [경제학은 / 유일한 분야라고 (그 안에서 당신이 명성의 자리에 오를 수 있는 한 번도 당신의 예측이 맞는 것 없이도)]

150. Economics / has never been a science — and it / is even less now / than a few years ago.
경제학은 / 과학이었던 적이 없었다 - 그리고 그것은 / 훨씬 덜 그렇다 지금 / 몇 년 전 보다

151. Yet (despite its small size), Puerto Rico / has / a wide variety of landscape.
그러나 (그것의 작은 크기에도 불구하고) , Puerto Rico 는 / 가지고 있다 / 광범위한 풍경의 다양함을

152. Scientists / did research / to see [if naps (during the middle of the day) / could play a part(in reducing the risk of a heart attack)]
과학자들은 / 연구를 했다 / 알아보기 위해 [낮잠들이 (한 낮 동안의) / 역할을 할 수 있는지 (심장 마비를 줄이는 데 있어)]

153. People (who took 30 minute naps three times a week) / had / (a 37 percent lower risk of death from heart problems) / than those (who did not take naps).

사람들은(30분의 낮잠을 잔 일주일에 세 번) / 가지고 있었다 / (37% 더 낮은 죽음의 위험을 심장문제로부터의) / 사람들보다(낮잠을 자지 않은)

154. ① (Renting cars), ② (flying in airplanes), or ③ (checking into hotels) / is a much easier task [if you / have / a credit card].

① 차를 빌리는 것, ② 비행기 안에서 비행하는 것, 혹은 ③ 호텔에 체크인 하는 것은 / 훨씬 쉬운 일이 될 수 있다 [만일 네가 / 가지고 있다면 / 신용카드를]

155. (Even if you only / use / your credit cards for big purchases), you'll find [that the traveling experience / will be a much smoother process).

(만일 네가 / 사용할 지라도 / 너의 신용카드를 큰 구매에만), 너는 / 알아낼 것이다[여행경험이 / 훨씬 더 부드러운 과정이 될 것이라고]

156. (Unlike cash or checks), credit cards / make / it /much easier / (to handle your documents and receipts).

(현금이나 수표와 다르게), 신용카드는 / 만들어 준다 / 훨씬 쉽게 / (관리하는 것을 너의 명세서와 영수증을)

157. (If something happens after traveling), all (you need to do) / is look back at your statement.

(만일 무슨 일이 일어난다면 여행 후에), 모든 것은(네가 할 필요가 있는) / 다시돌아 보는 것이다 너의 명세표를

158. Animals / are capable (of doing many things). Perhaps your goldfish / swims to the surface(looking for food) (when you /move near its tank).

동물들은 / 능력이 있다 (많은 것을 할 수 있는 것의). 아마도 너의 금붕어는 / 헤엄쳐 올 것이다 수면으로 (음식을 찾아) (네가 / 움직일 때 그것의 수조근처로)

159. The door / did not open, and yet he / sensed / a huge cloudy presence (before him).

문은 / 열리지 않았다, 게다가 그는 / 감지했다 / 거대한 구름같은 존재를 (그의 앞에서)

160. On the other hand, those (who like pop, country, and religious music) / tend to be ① trusting of others and ② hardworking.
한편, 사람들은(팝음악, 컨추리 음악, 그리고 종교음악을 좋아하는) / ① 다른 사람을 믿는 경향이 있고 ② 열심히 노력하는 경향이 있다.

161. In an interview afterward, he / was asked [how he felt (when the tigers could see him but he could not see them)].
나중의 인터뷰에서, 그는 / 질문받았다 [어떻게 그가 느꼈는지 (호랑이들은 그를 볼 수 있었지만 그는 그들을 볼 수 없었을 때)]

162. (Each year) hundreds of people / die unnecessarily, (including many innocent passengers, pedestrians, and other drivers).
(매년) 수백의 사람들이 / 죽는다 불필요하게, (포함해서 많은 죄 없는 승객,보행자,그리고 다른 운전자들을)

163. All (of them) / are killed (by people) [(unable to control their vehicle) (because they are drunk)].
모두는(그들 중) / 죽임을 당한다 (사람들에 의해)[(그들의 차량을 제어할 수 없는) (그들이 취했기 때문에)]

164. The debate / has to be about ① (whether random breath testing will do anything), and ② (whether it will help solve the problem).
토론은 / 관한 것이어야 한다 ① (무작위 호흡테스트가 무언가를 할 지), 그리고 ② (그것이 문제를 푸는데 도움이 될 지)

165. Many countries / have had / random testing (for some time) and / have seen / no real fall (in drunk driving figures).
많은 국가들은 / 해왔었다 / 무작위 검사를 (때때로) 그리고 / 보지 못했다 / 실제 감소를(음주운전 수치에 있어서)

166. Even in few countries (that have seen such a fall), you / cannot distinguish / the effects of random testing / from those (of the accompanying advertising and campaigns).
몇 안 되는 국가들에서 조차(그러한 감소를 보아온), 당신은 / 구별할 수 없다 / 무작위 검사의 효과들을 / 그것들로-효과들-부터 (수반하는 광고나 캠페인의)

167. He or she / may not be feeling very well that day, but he or she / ① smiles and / ② does not get angry (when a child behaves badly).
그나 그녀는 / 기분이 아주 좋지는 않을 수 있다 그 날에, 하지만 그나 그녀는 / ① 미소 짓는다 그리고 / ② 화내지 않는다 (아이가 나쁘게 행동할 때)

168. What if (we / could export / our alphabet, Hangul)? The world / has already recognized / the excellence of it, and now we / are about to export / it / to East Timor.
어떠 하겠는가 (우리가 / 수출할 수 있다면 / 우리의 문자인, 한글을)? 세계는 / 이미 인지 하고 있다 / 그것의 우수성을, 그리고 이제 우리는 / 막 수출하려 한다 / 그것을 / 동 티모르에

169. A Korean professor / suggested [that Hangul / can represent every sound of Tettom], so the First Lady of East Timor / has thought (about importing it). "[(If they actually use it as their official alphabet), they / will be able to easily express / themselves / in written form,]" said the professor.
한 한국인 교수는 / 제안했다 [한글은 / 나타낼 수 있다고 / Tettom의 모든 소리를], 그래서 동티모르의 영부인은 / 생각해왔다 (그것을 수입하는 것에 대해) " [(만일 그들이 정말로 그것을 그들의 문자로 사용한다면, 그들은 / 쉽게 표현 할 수 있을 것이다 / 그들 스스로를 / 써진 (문자)형태로",] 라고 말했다 그 교수가

170. Cats / have been loved (as pets) (for a long time) [because they / can become human's good friends].
고양이들은 / 사랑 받아왔다 (애완동물로) (오랫동안) [그들은 / 사람의 좋은 친구들이 될 수 있기 때문에]

171. It / was believed [that cats / were first raised as pets in ancient Egypt]. Ancient Egyptians / loved / their cats very much [because they / thought (cats were spiritual animals)].
믿어졌다 [고양이들은/ 처음에 길러졌다고 애완동물로 고대 이집트에서]. 고대 이집트인들은 / 사랑했다 / 그들의 고양이를 매우 많이 [그들은 / 생각했기 때문에 (고양이는 영적인 동물이라고)]

172. Fortunately, my brother, the most frequent camper (I know), / isn't planning / to go camping that week, so I / can borrow / his equipment.
다행히 , 내 동생은, 가장 빈번한 야영객인 (내가 아는) / 계획하고 있지 않다 / 야영 가는 것을 그 주에, 그래서 나는 / 빌릴수 있다 / 그의 장비를

173. In 1826, Texas / was a dangerous place (to live in).
There were robbers and criminals [who could do almost anything (they wanted).]

1826년에, Texas / 는 위험한 곳 이었다 (살기에는)

강도와 범죄자들이 있었다 [무엇이든 할 수 있는 (그들이 원했던)]

---

174. The more you read, the more you will ① build up your vocabulary and ② develop your reading skills.

더 많이 네가 읽을수록, 더 많이 너는 ① 쌓을 것이다 너의 어휘를 그리고 ② 발전시킬 것이다 너의 독해 능력을

---

175. Wherever possible, choose / books or articles (which encourage / you / to read on).

가능한 어디에서나, 선택해라 / 책이나 기사를 (격려해줄 / 네가 / 읽어나가도록)

---

176. Make sure (they are ① at your level, or ② only a little above your level, ③ neither too difficult nor too easy).

확실히 해라 (그것들이 ① 너의 수준에 있는지, ② 혹은 약간만 높은지, ③ 너무 어렵지도 너무 쉽지도 않은지를)

---

177. (As you read a new word in context), there is a very good chance (that you will be able to guess its meaning).

(네가 글에서 새로운 단어를 읽을 때), 좋은 기회가 있다 (네가 그것의 뜻을 유추할 수 있는)

---

178. "We / need / evidence [that the word / is showing up in publications (that people / are reading on an everyday basis]," said John Morse, president (of the dictionary publishing company).

"우리는 / 필요로 한다 / 증거를 [그 단어가 / 나타나고 있다는 출판물속에) (사람들이 / 읽고 있는 매일의 일상에서]", 라고 말했다, John Morse가, 사장인 (사전 출판회사의)

---

179. (Once you / have smelled / the delicious aroma of garlic), you'll never forget it. It / is an herb(that is widely used in cooking and salads).

(일단 당신이 / 맡으면 / 맛있는 마늘의 향기를), 너는 그것을 잊지 못할 것이다. 그것은 / 식물이다(널리 사용되는 요리와 샐러드에)

180. (Whether or not the soldiers fought any better because of their garlic eating) / is unknown.
(군인들이 조금이라도 더 잘 싸웠는지는 마늘섭취 때문에) / 알려지지 않았다

181. Some parents in Santa Barbara, California / are complaining about a new plan (to fingerprint students) (when they buy their lunch in the cafeteria).
어떤 부모들은 Santa Barbara, California에 있는 / 불평하고 있다 새로운 계획에 대해 (지문을 찍게 하는) (그들이 그들의 점심을 살 때 식당에서)

182. The children / are supposed to press / their index finger onto a scanner / before buying food.
아이들은 / 누르게 되어있다 / 그들의 검지를 스캐너위에 / 음식을 사기전에

183. The scan / will then pull up / students' names, their parents' names, their addresses and the amount of money (they have to pay).

스캔은 / 그런후 불러올 것이다 / 학생의 이름들, 그들의 부모의 이름들, 그들의 주소 그리고 돈의 량을 (그들이 지불해야할)

184. This new system / calls for / their personal information / to be ① written on a piece of paper and then ② transferred to a computer.
이 새 시스템은 / 요구한다 / 그들의 개인 정보가 / ① 쓰여지기를 종이위에 그리고 그런후 ② 전송되기를 컴퓨터로

185. The data / is then gathered and the information / is sent to the state government.
데이터는 / 그런후 모아진다 그리고 정보는 / 보내진다 주 정부로

186. Suddenly out of the forest / came / a monster bear. It / was much bigger / than a lion. I / shouted strongly, "I see you. I am after you. You cannot escape me."
갑자기 숲으로부터 / 나왔다 / 괴물 곰이. 그것은 훨씬 컷다 / 사자보다.
나는 / 소리쳤다 강하게, " 난 너를 본다. 내가 네 뒤에 있어. 너는 나에게서 도망칠 수 없다."

187. (On hearing the sound of the gun), the great bear / turned and / fled from me.
(총소리를 듣자마자), 거대한 곰은 / 돌아섰고 / 도망쳤다 나로부터

188. Writer's block- a condition (that leaves / you / unable to put your thoughts on paper)- / can be very discouraging.
Writer's block(창작정돈상태)은- 상태인 (남겨놓는 / 너를 / 너의 생각을 종이에 표현 못하게)- / 아주 낙담시킬 수 있다

189. People / try / many things / for writer's block, from (reading other writers' great works) to (exercising).
사람들은 / 시도한다 / 많은 것들을 / writer's block 때문에, (다른 작가의 위대한 작품을 읽는 것) 부터 (운동을 하는 것)까지

190. (Beginning to write anything) / tends to activate / the writing part of your brain / so you / can keep going.
(아무거나 쓰기 시작하는 것은) / 활성화 시키는 경향이 있다 / 네 뇌의 쓰는 영역을 / 네가 / 계속 진행 할 수 있도록

191. (Whenever I / remember / my experience in the Mexican Air Force), I think (of my flight instructor [because he / taught / me / (how to fly a fighter jet)].
(내가 / 기억할 때마다 / 경험을 멕시코공군에서의), 나는 / 생각한다 (내 비행교육관에 대해) [그가 / 가르쳐주었기 때문에 / 나에게 / (전투기 조종하는 법을)]

192. Do you want to have a cup of coffee / to help you wake up but avoid / it (because caffeine is harmful to your health)?
당신은 커피 한 잔을 하길 원하는가 / 네가 깨는 것을 돕기 위해 그렇지만 피하는가 / 그것을 카페인이 네 건강에 해롭기 때문에)?

193. She / points to scientific evidence: coffee / contains / some chemicals, tannin and anti-oxidants, (which are good for the heart and blood circulation).

그녀는 / 지적했다 과학적 증거를: 커피는 / 함유하고 있다 / 화학물질들을, 타닌과 항산화제, (심장과 혈액순환에 좋은)

194. Let's compare / (choosing a career) / to (going to the movies).
비유해보자 / (직업선택 하는 것을) / (영화보러 가는 것)에

195. In other words, with your career, you / should decide (which job / will best suit / your personality).
즉, 너의 직업에 있어서, 너는 / 결정해야 한다 (어떤 직업이 / 가장 잘 맞을 지 / 너의 성격과)

196. Finally, decide (how to get movie tickets), and / find out (where the theater is) before you go.
마지막으로, 결정해라 (어떻게 영화표를 얻을지를), 그리고 /알아내라 (어디에 극장이 있는지를) 네가 가기 전에

197. It's true [that people (from different parts of the world) / have / different cultures]. But sometimes we / can be surprised at (how similar we all are).
사실이다 [사람들이 (세계의 다른 곳에서 온) / 가지고 있다는 것이 / 다른 문화들을]. 그렇지만 때때로 우리는 / 놀랄 수 있다 (얼마나 우리 모두가 비슷한지)에

198. For example, Koreans say [that they / will get / a stomachache [if someone (they know) / buys /a piece of land]].
예를 들어, 한국인들은 / 말한다 [그들이 / 얻게 될 것이라고 / 복통을 [만일 누군가가 (그들이 아는) / 산다면 / 땅을]

199. This / expresses / the idea [that a person / can become so jealous that he or she / will become sick).
이것은 / 나타낸다 / 생각을 [어떤 사람이 / 아주 질투하게 된다고 그래서 그나 그녀가 / 아프게 될 것이라고]

200. In English, people / will say [that a jealous person / is "green with envy."] In Europe, people / believe [that the skin of an ill person / turns a greenish color].
영어에서는, 사람들은 / 말 할 것이다 [부러워 하는 사람은 / " 부러움으로 녹색이 된다"] 유럽에서는 사람들은 / 믿는다 [아픈사람의 피부는 / 변한다고 푸르스름한 색으로]

201. This giant flower / needs / another plant / to live on. It / lacks / the structures (needed to survive alone).
이 거대한 꽃은 / 필요로 한다 / 다른 식물을 / 먹고 살아가기 위한 그것은 / 부족하다 / 구조들이(필요한 홀로 살아 가기 위해)

202. It / attaches / itself / to the roots of other plants and / sucks / their juices.
그것은 / 부착시킨다 / 그 자신을 / 다른 식물들의 뿌리에 그리고 / 빨아먹는다 / 그것들의 즙을

203. People / were taught [that forest fires / were always bad]. They / used to think [that it was a disaster (when trees burned in a forest)].
사람들은 / 가르침을 받았다 [산불은 / 항상 나쁘다고]. 그들은 / 생각하곤 했다 [그것은 재앙이라고 (나무가 숲에서 탈 때)]

204. In the past (whenever there was a forest fire), the forest keepers / immediately put it out.
과거에 (산불이 있을 때마다), 산림감시원들은 / 즉시 그것을 껐다

205. The chief of the Forest Service / recently explained [that there is a new and better way to save our forests].
산림청장은 / 최근 설명했다 [새롭고 더 나은 방법이 있다고 우리의 숲을 지키는]

206. Small limited fires / are a part of nature. That / is the way (that old, dead, and diseased trees / are cleared away to make room for new trees).
작고 제한적인 불은 / 자연의 일부이다. 그것은 / 방법이다(늙고, 죽고, 그리고 병든 나무들이 / 치워지는 새로운 나무의 공간에게 만들어 주기 위해)

207. To communicate well, it's not enough / to show / the speaker / [that you / are receiving / the factual message].
의사소통을 잘하기 위해, 충분하지 않다 / 보여주는 것은 / 말하는 사람에게 / [네가 / 받고 있다고 / 실질적인 메시지를]

208. Here's an example of someone (receiving the information but missing the message).
누군가의 예가 있다 (정보를 받고 있지만 메시지는 놓치고 있는)

209. To be an active listener, Bill / has to do more than / just think / over the factual information (that Alice has delivered).
능동적인 청자(듣는 사람)이 되기 위해, Bill은 / 더 해야만 한다 / 단지 생각하는 것보다 / 실질적인 정보에 대해 (Alice가 전달한)]

210. ① Take a chance, ② get involved, and ③ help make / life / a little better / in your new home.
① 기회를 잡아라, ② 관련되어라(참여해라), 그리고 ③ 만드는것을 도와라 / 삶을 / 조금 더 낫게 / 너의 새 집에서

211. One of the best ways (to become involved in your community) / is by joining a block association.
최고의 방법들 중 하나는 (네 지역사회에 참여하기 위한) / 지역 모임에 참여함으로써 된다

212. A group of scientists / decided / to find out (if they really do walk faster).
과학자 한 그룹은 / 결심했다 / 알아내는 것을 (그들이 정말로 더 빨리 걷는지)

213. The scientists / found out (that city walkers / move at almost twice the rate (of walkers in small towns).
과학자들은 / 알아냈다 (도시 보행자는 / 움직인다고 거의 두 배의 비율로 (작은 마을의 보행자의)

214. American cowboys / had to eat / beans, beans, and more beans. Because of this, they / made up / new names (for the beans) / to make themselves laugh.
미국의 카우보이들은 / 먹어야만 했다 / 콩, 콩, 그리고 더 많은 콩을. 이것 때문에, 그들은 / 만들었다 / 새로운 이름을 (콩에 대한) / 그들 스스로 웃게하려고

215. It / was getting hard / to breathe and I / was getting burned by the ashes (as they flew by).
/ 점점 힘들어 지고 있었다 / 숨 쉬는 것이 그리고 나는 / 화상을 입었다 재에 의해 (그것들이 날아다닐 때)

216. The police / investigated / the crime, but it / was an ordinary man and his dog (that found the trophy).
경찰은 / 조사했다 / 그 범죄를, 그러나 그것은 / 평범한 남자와 그의 개였다(트로피를 찾은)

217. They / discovered / a strange object (that ① was wrapped in a newspaper and ② buried in a garden).
그들은 / 발견했다 / 이상한 물체를 (① 신문에 싸여있었고 ② 정원에 묻혀있었던)

218. One thing (they know) / is [that lemons / remind / people / of things (that are fresh and clean)].
한 가지 것은 (그들이 아는) / [레몬이 / 떠오르게 한다는 것이다 / 사람들에게 / 것들에 대해 (상큼하고 깨끗한)

219. However, they / didn't understand ① (why I was suddenly so sad) and ② (what high school pressures were like); the perfect body, the perfect grades and the perfect friends.

그러나, 그들은 / 이해하지 못한다 ① (왜 내가 갑자기 그렇게 슬픈지) 그리고 ② (높은 학교의 압박이 어떠한지); 완벽한 신체, 완벽한 점수 그리고 완벽한 친구들

220. Whenever I saw movies, I became ① the star of the cheerleading team (who leads it to victory), or ② the young lady (who falls in love with a handsome man).

내가 영화를 볼 때마다, 나는 ① 치어리더 팀의 스타가 되었다 (그것을 승리로 이끄는) , 혹은 ② 젊은 숙녀가 되었다 (사랑에 빠지는 잘생긴 남자와)

221. Then it / occurred / to me [that those characters / had / their scripts (written out for them).

그런 후 자연스레 떠올랐다 / 내게 [그러한 인물들은 / 가졌다는 것이 / 그들의 대본들을 (그들을위해 써진)

222. It is no doubt [that there are some beggars (who are victims of unavoidable circumstances)].

의심의 여지가 없다[몇몇의 거지들이 있다는 것이(피해자인 피할 수 없는 상황의)]

223. Unfortunately, many people still choose to ① live on the streets and ② beg for money rather than ③ face up to their financial problems.

불행히도, 많은 사람들은 여전히 선택한다 ① 거리에서 살기를 그리고 ② 돈을 구걸하기를 ③ 그들의 재정적 문제에 맞서기 보다는

224. It / doesn't help /them / ① to find a job or ② seek the necessary help / from the government.

그것은 / 돕지 않는다 / 그들을 / ① 직업을 찾도록 혹은 / ② 필요한 도움을 찾도록 / 정부로 부터

225. Even worse, there are many 'professional beggars' (who are not in real need).

훨씬 더 나쁘게도, 많은 '전문 거지들'이 있다 (정말로 어렵지 않은)

226. It / is not properly applied / (to many unfortunate people in our society).

그것은 / 적절하게 적용되지 않는다 / (많은 불행한 사람들에게 우리사회에 있는)

227. They / find / themselves / homeless or penniless (because of ① unemployment or ② a miserable family background).
그들은 / 발견한다 / 그들 스스로를 / 집이 없거나 돈이 없는 (① 실업 때문에 혹은 ② 불행한 가족 배경 때문에)

228. It / is all too easy / (to end up as a beggar on the streets) (with no family or community support) (in our increasingly selfish society).
너무도 쉽다 / (결과를 낳는 것이 거지로 길 위의) (가족이나 사회의 지원이 없이) (우리의 점점 이기적인 사회속에서)

229. Individually and as a society, we / have / a duty (to help them) ① (through individual giving on the streets) as well as ② (through charities) and ③ (through government action).
개인적으로 그리고 사회로서, 우리는 / 가지고 있다 / 의무를 (그들을 도와야할) ① (개인적인 적선을 통해 길 위에서의) 또한 ② (자선단체를 통해서) 그리고 ③ (정부의 행동을 통해서)

230. It is said [that the Chinese / first made firecrackers / in the 800s, ① filling bamboo sticks with gunpowder and ② exploding them / at the New Year / with the hope (that the sound / would scare away / evil spirits)].
일컬어 진다 [중국인들이 / 처음 불꽃놀이를 만들었다고 / 800년대에, ① 대나무를 채우면서 화약으로 그리고 ② 그것을 폭발시키면서 / 새해에 / 희망을 가지고 (그 소리가 / 겁줘서 쫓아버릴 거라는 / 악령을)]

231. Their loud sounds and various colored lights / were described / as "bombs (bursting in the air)."
그것들의 큰 소리와 다양한 색상의 불빛은 / 묘사되었다 " 폭탄들 이라고 (공중에서 폭발하는)"

232. Scientists / believe [that some animals / have / a map / in their heads / to find their way).
과학자들은 / 믿는다 [어떤 동물들은 / 가지고 있다고 / 지도를 / 그들의 머릿속에 / 그들의 길을 찾기 위해)

233. People / take time / from sleep / to do other things.
사람들은 / 가져온다 시간을 / 잠으로부터 / 다른 것들을 하기위해

234. People / ① work longer, / ② go to meetings at night, / ③ eat supper late, / ④ watch television, or / ⑤ go out until late.
사람들은 / ① 더 오래 일하거나, / ② 회의에 나가거나 밤에, / ③ 저녁을 늦게 먹거나, / ④ 텔레비전을 보거나, 혹은 / ⑤ 나가 있는다 늦게까지

235. (While flower giving / is very popular these days), the most common reason (to give flowers) /is (to express romantic love).
(꽃을 주는 것 / 아주 대중적이지만 요즘), 가장 일반적인 이유는(꽃을 주는) / (낭만적 사랑을 표현하는 것)이다

236. Nervous first dates, wedding decorations and bouquets, anniversaries, and Valentine's Day / are all special events (that need beautiful, carefully selected flowers).

떨리는 첫 번째 데이트, 결혼식 장식과 부케, 기념일, 그리고 발렌타인데이 등은 / 모두 특별한 행사들이다 (아름답고, 주의깊게 선택된 꽃들이 필요한)

237. Flowers / ① are often presented / for a celebration (such as birthdays) and / ② given to / Moms / on Mother's Day /by children.
꽃들은 종종 / ① 선물된다 / 축하를 위해 (생일과 같은 것을) 그리고 / ② 주어진다 / 엄마들에게 / 어머니날에 / 아이들에 의해

238. His special sense of humor and passion for life / brought / so much pleasure / to others.
그의 특별한 유머감각 그리고 삶에 대한 열정은 / 가져왔다 / 아주 많은 기쁨을 / 다른 이들에게

239. Food researchers / say [that (when humans searched for food), they / learned / to avoid toxic objects, (which were often blue, black, or purple)].
음식 연구원은 / 말한다 [(사람들이 음식을 찾을 때에), 그들은 / 배운다고 / 피하는 법을 독성물질들을, (그리고 그것은 종종 파랗고, 까맣고, 보라색이다)]

240. [When food (dyed blue) / is served to people], they lose appetite — they / don't want / to eat.
[음식이(파랗게 염색된) / 제공될 때 사람들에게], 그들은 / 잃는다 / 식욕을 - 그들은 / 원하지 않는다 / 먹기를

241. A student with a cell phone (in the classroom) / is the one (who cares more about having fun / than studying).
휴대폰을 가진 학생은 (교실 안에서) / 학생이다 (재미있는 것에 더 신경 쓰는 / 공부하는 것보다는)

242. He / described / the tearful good-bye (everyone / had the night before he left), and I / could tell [he / was deeply moved / by the relationships (he formed)].

그는 / 설명했다 / 눈물나는 작별을 (모든 사람이 / 가졌던 그가 떠나기 전날 밤에), 그리고 나는 / 말할 수 있다 [그는 / 아주 감동받았다고 / 관계에 의해 (그가 형성했던)]

243. We / depend greatly / on fossil fuels [because about 75% of the energy (we use) / comes from them].

우리는 / 많이 의존한다 / 화석연료에 [약 75% 의 에너지가(우리가 사용하는) / 그것들로부터 나오기 때문에]

244. The problem / is [that they / ① increase / the amount of carbon dioxide (in the air) and / ② cause / the greenhouse effect].

문제는 / [그것들이 / ① 증가시킨다는 것이다 / 이산화탄소의 양을 (공기 중에) 그리고 / ② 유발한다는 것이다 / 온실효과를]

245. Solar / can be used / to produce electricity, (which / can then be used / ① to run cars and / ② fly airplanes).

태양열은 / 이용될 수 있다 / 전기를 생산하기위해, (그리고 그것은 / 그런 후 이용될 수 있다 / ① 차량을 운행하기 위해 그리고 / ② 비행기를 날리기 위해)

246. Most of us / know / [that skin / protects / us / from heat, cold, or dirt].

우리들 중에 대부분은 / 알고있다 / [피부가 / 보호한다고 / 우리를 / 더위, 추위, 그리고 더러운 것으로부터]

247. Among some animals, smell / plays a different role / from its role (among people).

동물들 사이에서, 냄새는 / 다른 역할을 한다 / 그것의 역할과는 (사람들 사이에서의)

248. (Even though large dinners / often make / people / sleepy), it / is better / to relax (after a meal) / than to sleep.

(거한 저녁식사가 / 종종 만들지만 /사람들을 / 졸리게), 더 좋다 / 휴식을 취하는 것이 (식사 후) / 자는 것 보다

249. The rambutan tree / is native to Malaysia and Indonesia.
Rambutan / ① is the Malay word <u>for hair</u>, and / ② refers to <u>the hairlike spine of the fruit</u>.
Rambutan tree는 / 원산지 이다 Malaysia 와 Indonesia 이.
Rambutan 은 / ① Malay 말이다 <u>털을 뜻하는</u>, 그리고 / ② 의미한다 <u>털 같은 과일의 가시를</u>

250. (No matter who you are), follow <u>the basics of good health</u>. ① Eat healthy, / ② get plenty of physical activity, / ③ get plenty of sleep, / ④ avoid / the bad stuff <u>like cigarettes, alcohol, and drugs</u>, and ⑤ get a doctor's checkup <u>each year</u>.
(네가 누구이든), 따라라 좋은 건강의 기초를. ① 건강하게 먹어라, / ② 많은 신체활동을 하라, / ③ 많은 잠을 자라, / ④ 피해라 /나쁜 것들을 <u>담배, 술, 그리고 마약과 같은</u>, 그리고 ⑤ 의사의 검진을 받아라 <u>매년</u>